心一堂術數古籍珍本叢刊

書名：紫微斗數全書（明末清初木刻真本）〔原（彩）色本〕
系列：心一堂術數古籍珍本叢刊　星命類　紫微斗數系列　第一輯　9
作者：題【宋】陳希夷撰　【明】潘希尹補輯
主編、責任編輯：陳劍聰
心一堂術數古籍珍本叢刊編校小組：陳劍聰　素聞　梁松盛　鄒偉才　虛白盧主

出版：心一堂有限公司
通訊地址：香港九龍旺角彌敦道六一〇號荷李活商業中心十八樓〇五—〇六室
深港讀者服務中心：中國深圳市羅湖區立新路六號羅湖商業大廈負一層〇〇八室
電話號碼：(852)67150840
網址：publish.sunyata.cc
電郵：sunyatabook@gmail.com
網店：http://book.sunyata.cc
淘寶店地址：https://shop210782774.taobao.com
微店地址：https://weidian.com/s/1212826297
臉書：https://www.facebook.com/sunyatabook
讀者論壇：http://bbs.sunyata.cc/

版次：二零一七年三月初版
平裝

定價：港幣　一千三百八十元正
新台幣　五千三百八十元正

國際書號：ISBN 978-988-8266-94-4

香港發行：香港聯合書刊物流有限公司
地址：香港新界大埔汀麗路36號中華商務印刷大廈3樓
電話號碼：(852)2150-2100
傳真號碼：(852)2407-3062
電郵：info@suplogistics.com.hk

台灣發行：秀威資訊科技股份有限公司
地址：台灣台北市內湖區瑞光路七十六巷六十五號一樓
電話號碼：+886-2-2796-3638
傳真號碼：+886-2-2796-1377
網絡書店：www.bodbooks.com.tw
台灣國家書店讀者服務中心：
地址：台灣台北市中山區松江路二〇九號一樓
電話號碼：+886-2-2518-0207
傳真號碼：+886-2-2518-0778
網絡書店：http://www.govbooks.com.tw

中國大陸發行　零售：深圳心一堂文化傳播有限公司
深圳地址：深圳市羅湖區立新路六號羅湖商業大廈負一層〇〇八室
電話號碼：(86)0755-82224934

心一堂微店二維碼

心一堂淘寶店二維碼

心一堂術數古籍珍本整理叢刊　總序

術數定義

術數，大概可謂以「推算（推演）、預測人（個人、群體、國家等）、事、物、自然現象、時間、空間方位等規律及氣數，並或通過種種『方術』，從而達致趨吉避凶或某種特定目的」之知識體系和方法。

術數類別

我國術數的內容類別，歷代不盡相同，例如《漢書・藝文志》中載，漢代術數有六類：天文、曆譜、五行、蓍龜、雜占、形法。至清代《四庫全書》，術數類則有：數學、占候、相宅相墓、占卜、命書、相書、陰陽五行、雜技術等，其他如《後漢書・方術部》、《藝文類聚・方術部》、《太平御覽・方術部》等，對於術數的分類，皆有差異。古代多把天文、曆譜、及部分數學均歸入術數類，而民間流行亦視傳統醫學作為術數的一環；此外，有些術數與宗教中的方術亦往往難以分開。現代民間則常將各種術數歸納為五大類別：命、卜、相、醫、山，通稱「五術」。

本叢刊在《四庫全書》的分類基礎上，將術數分為九大類別：占筮、星命、相術、堪輿、選擇、三式、讖諱、理數（陰陽五行）、雜術（其他）。而未收天文、曆譜、算術、宗教方術、醫學。

術數思想與發展——從術到學，乃至合道

我國術數是由上古的占星、卜筮、形法等術發展下來的。其中卜筮之術，是歷經夏商周三代而通過「龜卜、蓍筮」得出卜（筮）辭的一種預測（吉凶成敗）術，之後歸納並結集成書，此即現傳之《易經》。經過春秋戰國至秦漢之際，受到當時諸子百家的影響、儒家的推祟，遂有《易傳》等的出現，原本是卜筮術書的《易經》，被提升及解讀成有包涵「天地之道

（理）」之學。因此，《易・繫辭傳》曰：「易與天地準，故能彌綸天地之道。」

漢代以後，易學中的陰陽學說，與五行、九宮、干支、氣運、災變、律曆、卦氣、讖緯、天人感應說等相結合，形成易學中象數系統。而其他原與《易經》本來沒有關係的術數，如占星、形法、選擇，亦漸漸以易理（象數學說）為依歸。《四庫全書・易類小序》云：「術數之興，多在秦漢以後。要其旨，不出乎陰陽五行，生尅制化。實皆《易》之支派，傅以雜說耳。」至此，術數可謂已由「術」發展成「學」。

及至宋代，術數理論與理學中的河圖洛書、太極圖、邵雍先天之學及皇極經世等學說給合，通過術數以演繹理學中「天地中有一太極，萬物中各有一太極」（《朱子語類》）的思想。術數理論不單已發展至十分成熟，而且也從其學理中衍生一些新的方法或理論，如《梅花易數》、《河洛理數》等。

在傳統上，術數功能往往不止於僅僅作為趨吉避凶的方術，及「能彌綸天地之道」的學問，亦有其「修心養性」的功能，「與道合一」（修道）的內涵。《素問・上古天真論》：「上古之人，其知道者，法於陰陽，和於術數。」數之意義，不單是外在的算數、歷數、氣數，而是與理學中同等的「道」、「理」--心性的功能，北宋理氣家邵雍對此多有發揮：「聖人之心，是亦數也」、「萬化萬事生乎心」、「心為太極」。《觀物外篇》：「先天之學，心法也。……蓋天地萬物之理，盡在其中矣，心一而不分，則能應萬物。」反過來說，宋代的術數理論，受到當時理學、佛道及宋易影響，認為心性本質上是等同天地之太極。天地萬物氣數規律，能通過內觀自心而有所感知，即是內心也已具備有術數的推演及預測、感知能力；相傳是邵雍所創之《梅花易數》，便是在這樣的背景下誕生。

《易・文言傳》已有「積善之家，必有餘慶；積不善之家，必有餘殃」之說，至漢代流行的災變說及讖緯說，我國數千年來都認為天災，異常天象（自然現象），皆與一國或一地的施政者失德有關；下至家族、個人之盛衰，也都與一族一人之德行修養有關。因此，我國術數中除了吉凶盛衰理數之外，人心的德行修養，也是趨吉避凶的一個關鍵因素。

術數與宗教、修道

在這種思想之下，我國術數不單只是附屬於巫術或宗教行為的方術，又往往是一種宗教的修煉手段--通過術數，以知陰陽，乃至合陰陽（道）。「其知道者，法於陰陽，和於術數。」例如，「奇門遁甲」術中，即分為「術奇門」與「法奇門」兩大類。「法奇門」中有大量道教中符籙、手印、存想、內煉的內容，是道教內丹外法的一種重要外法修煉體系。甚至在雷法一系的修煉上，亦大量應用了術數內容。此外，相術、堪輿術中也有修煉望氣（氣的形狀、顏色）的方法；堪輿家除了選擇陰陽宅之吉凶外，也有道教中選擇適合修道環境（法、財、侶、地中的地）的方法，以至通過堪輿術觀察天地山川陰陽之氣，亦成為領悟陰陽金丹大道的一途。

易學體系以外的術數與的少數民族的術數

我國術數中，也有不用或不全用易理作為其理論依據的，如揚雄的《太玄》、司馬光的《潛虛》。也有一些占卜法、雜術不屬於《易經》系統，不過對後世影響較少而已。

外來宗教及少數民族中也有不少雖受漢文化影響（如陰陽、五行、二十八宿等學說。）但仍自成系統的術數，如古代的西夏、突厥、吐魯番等占卜及星占術，藏族中有多種藏傳佛教占卜術、苯教占卜術、擇吉術、推命術、相術等；北方少數民族有薩滿教占卜術；不少少數民族如水族、白族、布朗族、佤族、彝族、苗族等，皆有占雞（卦）草卜、雞蛋卜等術，納西族的占星術、占卜術，彝族畢摩的推命術、占卜術……等等，都是屬於《易經》體系以外的術數。相對上，外國傳入的術數以及其理論，對我國術數影響更大。

曆法、推步術與外來術數的影響

我國的術數與曆法的關係非常緊密。早期的術數中，很多是利用星宿或星宿組合的位置（如某星在某州或某宮某度）付予某種吉凶意義，并據之以推演，例如歲星（木星）、月將（某月太陽所躔之宮次）等。不過，由於不同的古代曆法推步的誤差及歲差的問題，若干年後，其術數所用之星辰的位置，已與真實星辰的位置不一樣了；此如歲星（木星），早期的曆法及術數以十二年為一周期（以應地支），與木星真實周期十一點八六年，每幾十年便錯一宮。後來術家又設一「太歲」的假想星體來解決，是歲星運行的相反，週期亦剛好是十二年。而術數中的神煞，很多即是根據太歲的位置而定。又如六壬術中的「月將」，原是立春節氣後太陽躔娵訾之次而稱作「登明亥將」，至宋代，因歲差的關係，要到雨水節氣後太陽才躔娵訾之次，當時沈括提出了修正，但明清時六壬術中「月將」仍然沿用宋代沈括修正的起法沒有再修正。

由於以真實星象周期的推步術是非常繁複，而且古代星象推步術本身亦有不少誤差，大多數術數除依曆書保留了太陽（節氣）、太陰（月相）的簡單宮次計算外，漸漸形成根據干支、日月等的各自起例，以起出其他具有不同含義的眾多假想星象及神煞系統。唐宋以後，我國絕大部分術數都主要沿用這一系統，也出現了不少完全脫離真實星象的術數，如《子平術》、《紫微斗數》、《鐵版神數》等。後來就連一些利用真實星辰位置的術數，如《七政四餘術》及選擇法中的《天星選擇》，也已與假想星象及神煞混合而使用了。

隨着古代外國曆（推步）、術數的傳入，如唐代傳入的印度曆法及術數，元代傳入的回回曆等，其中我國占星術便吸收了印度占星術中羅睺星、計都星等而形成四餘星，又通過阿拉伯占星術而吸收了其中來自希臘、巴比倫占星術的黃道十二宮、四大（四元素）學說（地、水、火、風），並與我國傳統的二十八宿、五行說、神煞系統並存而形成《七政四餘術》。此外，一些術數中的北斗星名，不用我國傳統的星名：天樞、天璇、天璣、天權、玉衡、開陽、搖光，而是使用來自印度梵文所譯的：貪狼、巨門、祿存、文曲，廉貞、武曲、破軍等，此明顯是受到唐代從印度傳入的曆法及占星術所影響。如星命術中的《紫微斗數》及堪輿術中的《撼龍經》等文獻中，其星皆用印度譯名。及至清初《時憲曆》，置閏之法則改用西法「定氣」。清代以後的術數，又作過不少的調整。

此外，我國相術中的面相術、手相術，唐宋之際受印度相術影響頗大，至民國初年，又通過翻譯歐西、日本的相術書籍而大量吸收歐西相術的內容，形成了現代我國坊間流行的新式相術。

陰陽學——術數在古代、官方管理及外國的影響

術數在古代社會中一直扮演着一個非常重要的角色，影響層面不單只是某一階層、某一職業、某一年齡的人，而是上自帝王，下至普通百姓，從出生到死亡，不論是生活上的小事如洗髮、出行等，大事如建房、入伙、出兵等，從個人、家族以至國家，從天文、氣象、地理到人事、軍事，從民俗、學術到宗教，都離不開術數的應用。我國最晚在唐代開始，已把以上術數之學，稱作陰陽（學），行術數者稱陰陽人。（敦煌文書、斯四三二七唐《師師漫語話》：「以下說陰陽人謾語話」，此說法後來傳入日本，今日本人稱行術數者為「陰陽師」）。一直到了清末，欽天監中負責陰陽術數的官員中，以及民間術數之士，仍名陰陽生。

古代政府的中欽天監（司天監），除了負責天文、曆法、輿地之外，亦精通其他如星占、選擇、堪輿等術數，除在皇室人員及朝庭中應用外，也定期頒行日書、修定術數，使民間對於天文、日曆用事吉凶及使用其他術數時，有所依從。

我國古代政府對官方及民間陰陽學及陰陽官員，從其內容、人員的選拔、培訓、認證、考核、律法監管等，都有制度。至明清兩代，其制度更為完善、嚴格。

宋代官學之中，課程中已有陰陽學及其考試的內容。（宋徽宗崇寧三年〔一一零四年〕崇寧算學令：「諸學生習……並曆算、三式、天文書。」「諸試……三式即射覆及預占三日陰陽風雨。天文即預定一月或一季分野災祥，並以依經備草合問為通。」

金代司天臺，從民間「草澤人」（即民間習術數人士）考試選拔：「其試之制，以《宣明曆》試推步，及《婚書》、《地理新書》試合婚、安葬，並《易》筮法，六壬課、三命、五星之術。」（《金史》卷五十一・志第三十二・選舉一）

元代為進一步加強官方陰陽學對民間的影響、管理、控制及培育，除沿襲宋代、金代在司天監掌管陰陽學及中央的官學陰陽學課程之外，更在地方上增設陰陽學課程（《元史・選舉志一》：「世祖至元二十八年夏六月始置諸路陰陽學。」）地方上也設陰陽學教授員，培育及管轄地方陰陽人。

（《元史・選舉志一》：「（元仁宗）延祐初，令陰陽人依儒醫例，於路、府、州設教授員，凡陰陽人皆管轄之，而上屬於太史焉。」）自此，民間的陰陽術士（陰陽人），被納入官方的管轄之下。

至明清兩代，陰陽學制度更為完善。中央欽天監掌管陰陽學，明代地方縣設陰陽學正術，各州設陰陽學典術，各縣設陰陽學訓術。陰陽人從地方陰陽學肄業或被選拔出來後，再送到欽天監考試。（《大明會典》卷二二三：「凡天下府州縣舉到陰陽人堪任正術等官者，俱從吏部送（欽天監），考中，送回選用；不中者發回原籍為民，原保官吏治罪。」）清代大致沿用明制，凡陰陽術數之流，悉歸中央欽天監及地方陰陽官員管理、培訓、認證。至今尚有「紹興府陰陽印」、「東光縣陰陽學記」等明代銅印，及某某縣某某之清代陰陽執照等傳世。

清代欽天監漏刻科對官員要求甚為嚴格。《大清會典》「國子監」規定：「凡算學之教，設肄業生。滿洲十有二人，蒙古、漢軍各六人，於各旗官學內考取。漢十有二人，於舉人、貢監生童內考取。附學生二十四人，由欽天監選送。教以天文演算法諸書，五年學業有成，舉人引見以欽天監博士用，貢監生童以天文生補用。」學生在官學肄業、貢監生肄業或考得舉人後，經過了五年對天文、算法、陰陽學的學習，其中精通陰陽術數者，會送往漏刻科。而在欽天監供職的官員，《大清會典則例》「欽天監」規定：「本監官生三年考核一次，術業精通者，保題升用。不及者，停其升轉，再加學習。如能黽勉供職，即予開復。仍不及者，降職一等，再令學習三年，能習熟者，准予開復，仍不能者，黜退。」除定期考核以定其升用降職外，《大清律例》中對陰陽術士不準確的推斷（妄言禍福）是要治罪的。《大清律例・一七八・術七・妄言禍福》：「凡陰陽術士，不許於大小文武官員之家妄言禍福，違者杖一百。其依經推算星命卜課，不在禁限。」大小文武官員延請的陰陽術士，自然是以欽天監漏刻科官員或地方陰陽官員為主。

官方陰陽學制度也影響鄰國如朝鮮、日本、越南等地，一直到了民國時期，鄰國仍然沿用着我國的多種術數。而我國的漢族術數，在古代甚至影響遍及西夏、突厥、吐蕃、阿拉伯、印度、東南亞諸國。

術數研究

術數在我國古代社會雖然影響深遠，「是傳統中國理念中的一門科學，從傳統的陰陽、五行、九宮、八卦、河圖、洛書等觀念作大自然的研究。……傳統中國的天文學、數學、煉丹術等，要到上世紀中葉始受世界學者肯定。可是，術數還未受到應得的注意。術數在傳統中國科技史、思想史，文化史、社會史，甚至軍事史都有一定的影響。……更進一步了解術數，我們將更能了解中國歷史的全貌。」（何丙郁《術數、天文與醫學中國科技史的新視野》，香港城市大學中國文化中心。）

可是術數至今一直不受正統學界所重視，加上術家藏秘自珍，又揚言天機不可洩漏，「（術數）乃吾國科學與哲學融貫而成一種學說，數千年來傳衍嬗變，或隱或現，全賴一二有心人為之繼續維繫，賴以不絕，其中確有學術上研究之價值，非徒癡人說夢，荒誕不經之謂也。其所以至今不能在科學中成立一種地位者，實有數因。蓋古代士大夫階級目醫卜星相為九流之學，多恥道之；而發明諸大師又故為惝恍迷離之辭，以待後人探索；間有一二賢者有所發明，亦秘莫如深，既恐洩天地之秘，復恐譏為旁門左道，始終不肯公開研究，成立一有系統說明之書籍，貽之後世。故居今日而欲研究此種學術，實一極困難之事。」（民國徐樂吾《子平真詮評註》，方重審序）

現存的術數古籍，除極少數是唐、宋、元的版本外，絕大多數是明、清兩代的版本。其內容也主要是明、清兩代流行的術數，唐宋或以前的術數及其書籍，大部分均已失傳，只能從史料記載、出土文獻、敦煌遺書中稍窺一鱗半爪。

術數版本

坊間術數古籍版本，大多是晚清書坊之翻刻本及民國書賈之重排本，其中豕亥魚魯，或任意增刪，往往文意全非，以至不能卒讀。現今不論是術數愛好者，還是民俗、史學、社會、文化、版本等學術研究者，要想得一常見術數書籍的善本、原版，已經非常困難，更遑論如稿本、鈔本、孤本等珍稀版本。在文獻不足及缺乏善本的情況下，要想對術數的源流、理法、及其影響，作全面深入的研究，幾不可能。

有見及此，本叢刊編校小組經多年努力及多方協助，在海內外搜羅了二十世紀六十年代以前漢文為主的術數類善本、珍本、鈔本、孤本、稿本、批校本等數百種，精選出其中最佳版本，分別輯入兩個系列：

一、心一堂術數古籍珍本叢刊

二、心一堂術數古籍整理叢刊

前者以最新數碼（數位）技術清理、修復珍本原本的版面，更正明顯的錯訛，部分善本更以原色彩色精印，務求更勝原本。并以每百多種珍本、一百二十冊為一輯，分輯出版，以饗讀者。

後者延請、稿約有關專家、學者，以善本、珍本等作底本，參以其他版本，古籍進行審定、校勘、注釋，務求打造一最善版本，方便現代人閱讀、理解、研究等之用。

限於編校小組的水平，版本選擇及考證、文字修正、提要內容等方面，恐有疏漏及舛誤之處，懇請方家不吝指正。

心一堂術數古籍珍本/整理叢刊編校小組

二零零九年七月序

二零一四年九月第三次修訂

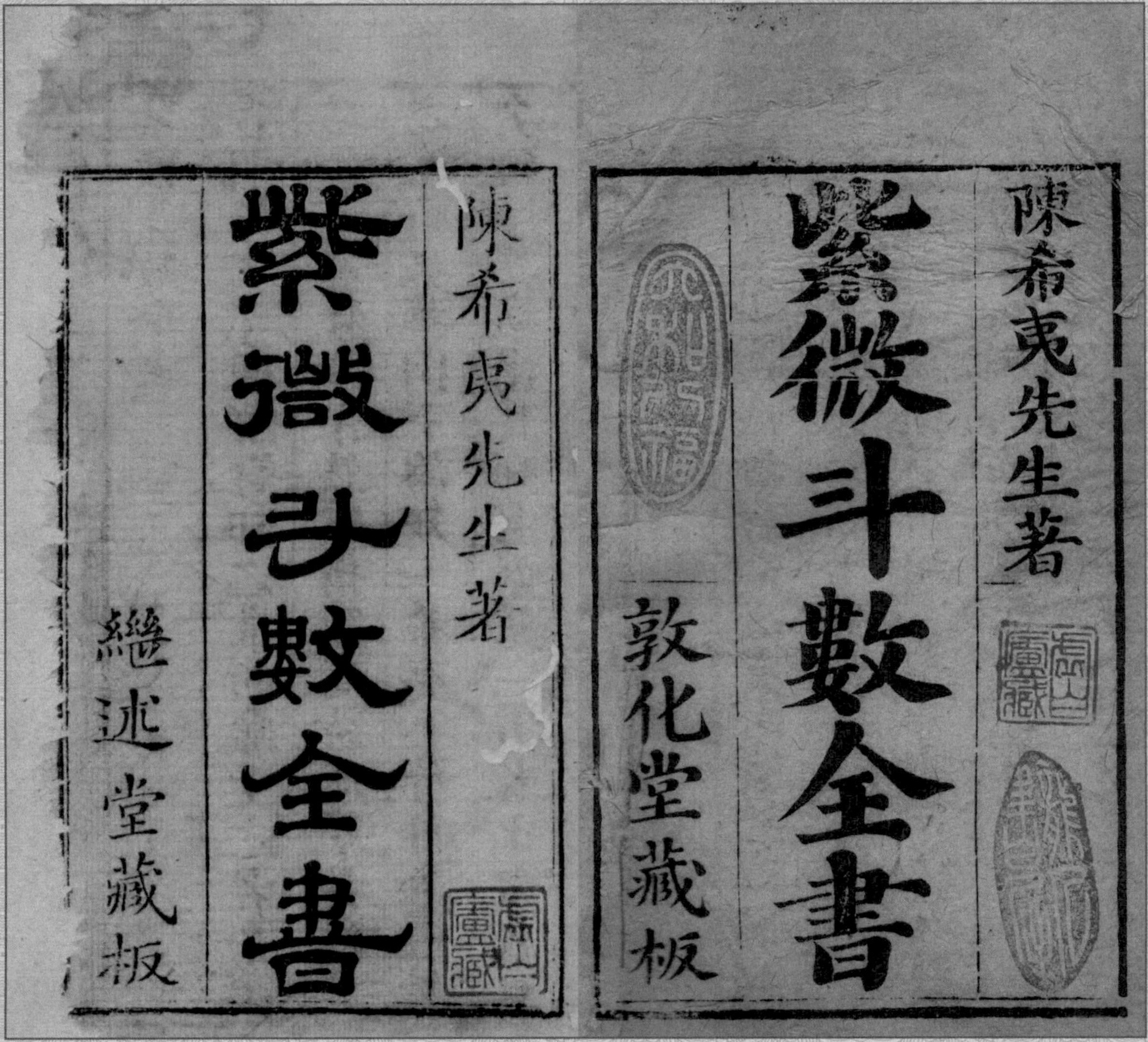

陳希夷先生著

紫微斗數全書

敦化堂藏板

陳希夷先生著

紫微斗數全書

繼述堂藏板

紫微斗數全書

嘗聞命之理微鮮有知之真而順受之者余謂功名富貴有命存然遂捐厥職訪道學者以爲之宗行抵華山下詢知　希夷公會得道於茲矣因陟其巔謁其祠將返見一道者年須弱冠態度老誠遂進禮然出書示予予問之曰希夷公紫微斗數集也始觀排列星辰猶不省其所以既讀其論論則有道理玩其斷斷則有神驗即以暇降試之果毫髮不爽於是喟然嘆曰造化至玄而闡明之若對鑑焉非心涵造化能之乎星辰至遠而指視之若運掌然非胸藏星斗者能之乎天位乎上地位乎下而人則藐然於

中者先生則以天合之人人合之天即星辰之變化而知人命之休咎是非學貫天人而一之者又孰能之乎倚歟休哉先生真高人也神人也不然胡爲乎而有是高志又胡爲乎而有是神數也予乃捧持之遍示天下俾世之人知有命而順受之可也胡乃祖作之而予秘之則繼

述之道安在哉請志予言以弁是書之首時㬌予去希夷公一十八代諱道號了然年方二十有六　時

嘉靖庚戌春三月既望之吉賜進士及第吉水

羅洪先撰

目錄

壹卷

貳卷

肆卷

目錄終

新鍥希夷陳先生紫微斗數全書卷之一

江西負鼎子潘希尹補輯
閩關西後裔楊一宇参閱

太微賦

斗數至玄至微理旨易明雖設問於百篇之中猶有言而未盡至如星之分野各有所屬壽夭賢愚富貴貧賤不可一槪論議其星分布一十二垣數定乎三十六位入廟爲奇失度爲虛大抵以身命爲福德之本加以根源爲窮通之資星有同纏數有分定須明其生尅之要必詳乎得垣失度之分觀乎紫微舍纏

司一天儀之象率列宿而成垣土星苟居其垣若可動移金星專司財庫最怕空亡帝居動則列宿奔馳貪守空而財源不聚各司其職不可參差苟或不察其機更忘其變則數之造化遠矣

例曰祿逢冲破吉處藏凶馬遇空亡終身奔走生逢敗地發也虛花絕處逢生花而不敗星臨廟旺再觀生尅之機命生强宮細察制化之理日月最嫌反背祿馬最喜交馳倘居空亡得失最爲要緊若逢敗地扶持大有奇功紫微天府全依輔弼之功七殺破軍專依羊鈴之虐諸星吉逢凶也吉諸星凶逢吉也凶輔弼夾帝爲上品桃花犯主爲至淫君臣慶會材擅經邦

魁鉞同行位居台輔祿文拱命貴而且賢日月夾財不權則富
馬頭帶箭鎮衛邊疆刑囚夾印刑杖惟司善蔭朝綱仁慈之長
貴入貴鄉逢者富貴財居財位遇者富奢太陽居午謂之日麗
中天有專權之貴敵國之富太陰居子號曰水澄桂萼得清要
之職忠諫之材紫微輔弼同宮一呼百諾居上品文耗居寅卯
謂之衆水朝東日月守不如照合蔭福聚不怕凶危貪居亥子
名爲泛水桃花刑遇貪狼號曰風流彩杖七殺廉貞同位路上
埋屍破軍暗曜同鄉水中作塚祿居奴僕縱有官也奔馳帝遇
凶徒雖獲吉而無道帝坐金車則曰金轝捧櫛福安文曜謂之

玉袖天香太陽會文昌於官祿皇殿朝班富貴全美太陰會文
曲於妻宮蟾宮折桂文章令盛祿存守於田財堆金積玉財蔭
坐於遷移巨商高賈耗居祿位沿途乞食貪會旺宮終身鼠竊
殺居絕地天年夭似顏回貪坐生鄉壽考永如彭祖忌暗同居
身命疾厄沉困尫羸凶星會於父母遷移刑傷產室刑殺同廉
貞於官祿枷杻難逃官府加刑殺於遷移離鄉遭配善福於空
位天竺生涯輔弼單守命宮離宗庶出七殺臨於身命加惡殺
必定死亡羊鈴合於命宮遇白虎須當刑戮官府發於吉曜流
殺怕逢破軍羊鈴憑太歲以引行病符官符皆作禍奏書博士

與流祿盡作吉論力士將軍同青龍顯其權勢童子限如水上泡漚老人限似風中燃燭遇殺與擎羊流年最忌人生榮辱限元必有休咎處世孤貧數定逢位駁雜學者至此誠玄微矣

形性賦

原夫紫微帝座生爲厚重之容天府尊星當主純和之體金烏圓滿玉兔清奇天機爲不長不短之資情懷好善武曲乃至剛至毅之操心性果決天同肥滿目秀清奇廉貞眉寬口闊面横爲人性暴好忿好爭貪狠爲善惡之星必廟入應長聳出垣必定頑囂巨門乃是非之曜在廟敦厚溫良天相精神相貌持重

天梁穩重心事玉潔冰清七殺如子路暴虎馮河火鈴似豫讓吞炭裝啞暴虎馮河兮目太凶狠吞炭裝啞兮暗狠聲沉俊雅文昌眉清目秀磊落文曲口舌便佞在廟定生異痣失陷必有瘢痕左輔右弼溫良規模端莊高士天魁天鉞具足威儀重合三台則十全模範擎羊蛇羅形醜貌麁有嬌詐體態破軍不仁背重眉寬行坐腰斜奸詐好行驚險性貌如春和藹乃是祿存之情德情懷似火烽衝此誠破耗之威權星論廟旺最怕空亡殺落空亡竟無威力權祿充九竅之奇耗刼散平生之福祿逢梁蔭抱私財益與他人耗遇貪狼婁淫情於井底貪星入於馬

垣易善易惡惡曜扶同善曜稟性不常財居空亡巳三覽四支
曲旺宮聞一知十暗合廉貞爲貪濫之曹使身命司數實好益
之技兒猪屠之流善祿定是奇高之藝細巧伶俐之人男居生
旺最要得纏女居死絕專看福德命最嫌立於敗位財源却怕
逢空亡機刑殺陰孤星論嗣續之宮加惡星忌耗不爲奇特陀
耗囚之星守父母之鑾必然破祖刑傷兼之童格宜相根基要
察紫微肥滿天府精神祿存祿主也應厚重日月曲相同梁機
昌皆爲美俊之姿乃是淸奇之格上長下短目秀眉淸貪狼同
武曲形小聲高而量大天同如陀忌肥滿而目渺擎羊身體遭
傷若遇火鈴巨暗必生異痣又値耗殺定主形醜貌陋若居死
絕之限童子乳哺徒勞其力老者亦然壽終此數中之綱領乃
爲星緯之機關玩味專精以泳玄妙限有高低星尋喜怒假如
運限駁雜終有浮沉如逢殺地更要推詳倘遇空亡必須細察
精研於此不患不神

星垣論

紫微帝座以輔弼爲佐貳作數中之主星乃有用之源流是以
南北二斗集而成數爲萬物之靈蓋以木（火旺）淘滯則陰陽旣濟水
盛陽傷火盛陰滅二者不可偏廢故得其中者斯爲美矣寅乃

木之垣乃三陽交泰之時草木萌芽之所至於卯位其木愈旺矣貪狼天機是廟樂故得天相水到寅爲之旺相巨門水得卯爲之疏通水乃土栽培加以水之澆灌三方更得文曲水破軍水相會尤妙又加祿存土極美矣巨門水到丑天梁土到未陀羅金到於四墓之所苟或得擎羊金相會以土爲金墓則金通不凝加以天府土天同金以生之是爲金趣土肥順其德以生成未巳午乃火位巳爲水土所絕之地更午垣之火餘氣流於巳水則倒流火氣逆焰必歸於巳午屬火德能生於巳絕之土所以廉貞木居焉至於午火旺照離明洞徹表裏而文曲水入

廟若會紫府則魁星拱斗加以天機木貪狼火謂之發是愈加奇特申酉金乃西方太白之氣武居申而好生擎羊在酉而用殺加以巨門祿存陀羅而助之愈急須得逆行逢善化惡是爲妙用亥水屬文曲破軍之廟地乃文明淸高之土萬里泒源之潔如大川之澤不爲焦枯居於亥位將入天河是故爲妙破軍水於子旺之鄉如巨海之浪淵洶湧可遠觀而不可近倚破軍是以居焉若四墓之處充其瀰漫必得武曲之金使其源流不絕方爲妙矣其餘諸星以身命推之無施不可至玄至妙者矣

斗數準繩

命居生旺定富貴各有所宜身坐空亡論榮枯專求其要紫微帝座在南極不能施功天府令星在南地專能為福天機七殺同宮也善三分太陰火鈴同位反成十惡貪狠為善宿入廟不凶巨門為惡曜得垣尤美諸凶在緊要之鄉最宜制羊刃在身命之位郤受孤單若見殺星倒限最凶福蔭臨之庶幾可解大抵在人之機變更加作意之推詳辨生尅制化以定窮通看好惡正偏以言禍福官星居於福地近貴營財福星居於官宮郤成無用身命得星為要限度遇吉為榮若言子媳有無專在孳羊耗殺逢之則害妻妾亦然相貌逢凶必帶破相疾厄逢忌定有尫羸須言定數以求玄更在同年之相合總為綱領用作準繩

斗數發微論

白玉蟾先生曰觀天斗數與五星不同按此星辰與諸術大異四正吉星定為貴三方殺拱少為奇對照兮詳凶詳吉合照兮觀賤觀榮吉星入垣則為吉凶星失地則為凶命逢紫府非特壽而且榮身遇殺星不但貧而且賤左右會於紫府極品之尊科權陷於凶鄉功名蹭蹬行限逢乎弱地未必為災立命會在強宮必能降福羊陀七殺限運莫逢逢之定有刑傷坐空傷使在內合斷天哭喪門流年莫遇遇之實防破害南斗主限必生男北斗加

臨先得女科星居於陷地燈火寺觀昌曲在於鄉林泉冷淡奴
謀頻設紫微愧遇破軍淫奔大行紅鸞羞逢貪宿命身相剋則
心亂而不閑玄媼卽天姚星三宮則邪淫酒耽酒殺臨三位定然妻
子不和巨到二宮必是兄弟無義刑殺守子宮子難奉老諸凶
照財帛聚散無常羊陀疾厄眼目昏盲火鈴到遷移長途寂寞
尊星刻賤位主人多勞惡星應宮奴僕有助官祿遇紫府富
而且貴田宅遇破軍先破後成福德遇空劫奔走無力相貌加
刑殺刑尅難免後學者執此推詳萬無一失

重補斗數彀率

諸星吉多逢凶也吉諸惡星多逢吉也凶星更纏度要分定局
重在看星得垣受制方可論入禍福窮通大概以身命爲禍福
之柄以根源爲窮通之機紫微在命輔弼同垣其貴必矣財印
夾命日月夾財其富何疑蔭福臨不怕凶冲日月會不如合照
貪狼居子乃爲泛水桃花天刑遇貪必主風流刑杖紫微坐命
庫則曰金轝捧御輦臨官安文曜號爲衣錦巷天香太陰合文
曲於妻宮翰林清異太陽會文昌於官祿金殿傳臚祿合守田
財爲爛穀堆金財蔭居遷移爲高商豪客耗居敗地沿途丐求
貪會旺宮終身鼠竊殺居絕地生成三十二之顏回日在旺宮

可學八百年之彭祖巨暗同垣於身命疾厄羸瘦其軀凶星交會於相貌遷移傷刑其面大耗會廉貞於官祿枷杻囚徒官符會刑殺於遷移離鄉遠配七殺臨於陷地流年必見死亡耗殺忌逢破軍火鈴嫌逢太歲奏書博士並官祿以長乎吉祥力士將軍與青龍以顯其威福童子限弱水上浮泡老人限衰風中燃燭遇殺必驚流年最緊人生發達限元最怕浮沉一世迍邅命限逢乎駁雜論而至此允矣之微

增補大微賦

前後兩凶神謂兩鄰加併尚可撑持同室與謀最難隄防片火

焚天馬遭羊逐祿存劫空親戚無常權祿行藏靡定諸子哉魁鉞小人哉羊鈴凶不皆凶吉無純吉主強賓弱可保無虞主弱賓強凶危立見主賓得失兩相宜運限命身當互見身命最嫌羊陀七殺遇之未免為凶二限甚忌貪破巨廉逢之定然作禍命遇魁昌常得貴限逢紫府定財多凡觀女人之命先觀夫子二宮若值殺星定三嫁而心不足或逢羊宗雖啼哭而淚不乾若觀男命始以福財為主再審遷移何如二限相因吉凶同斷限逢吉曜平生動用和諧命坐凶鄉一世求謀齟齬廉祿臨身女得純陰貞潔之德同梁守命男得純陽中正之心君子命中

亦有羊陀火鈴小人命內豈無科祿權星要看得垣失垣專論入廟失廟若論小兒詳推童限小兒命坐凶鄉三五歲必然殀折更有限逢惡殺五七歲必主災下文昌文曲天魁秀不讀詩書也可人多學少成只為擎羊逢劫殺為人好訟蓋因太歲遇官符命之理微孰察星辰之變化數之理遠細詳格局之興衰北極加凶殺為道為僧羊陀遇惡星為奴為僕如武破廉貪固深謀而貴顯加羊陀空劫反小志以孤寒限輔星旺限雖弱而不弱命臨吉地命雖凶而不凶斷橋截空大小難行卯酉二空聰明發福命身遇紫府宜積金銀二主逢劫空衣食不足謀而

不遂命限遇入擎羊東作西成限身遭逢輔相科權祿共定為扳桂之高人空劫羊鈴作九流之術士情懷暢舒昌曲命身詭詐浮虛羊陀陷地天機天梁擎羊會早有刑而晚見孤貪狼武曲廉貞逢少受貧而後享福此皆斗數之奧妙學者宜熟思之

諸星問答論

問紫微所主若何　答曰紫微屬土乃中天之尊星為帝座主掌造化樞機人生主宰伏五行育萬物以人命為之立定數安星纏各根所司處年數內常掌爵祿諸宿降福能消百惡須看三台蓋紫微守命是中台前一位是上台後一位是下台俱看

在廟旺之鄉否有何吉凶之守照如廟旺化吉甚效陷又化凶
甚凶吉限不爲美凶限則凶也人之身命若值祿存同宮日月
三合相照貴不可言無輔弼同行則爲孤君雖美主不足更與
諸殺同宮或諸吉合照君子在野小人在位主人奸詐假善平
生惡積與囚同居無左右相佐定爲胥吏如落疾厄兄弟奴僕
相貌四陷宮主人勞祿作事無成雖得助亦不爲福更宜詳細
宮度應究星纏之論若居官祿身命三宮最要左右守衛天相
祿馬交馳不落空亡更坐生鄉可爲貴論如魁鉞三台星會吉
星則三台八座兮帝會文昌拱照又得美限扶必文武之職帝

降七殺爲權有吉同位則帝相有氣諸吉咸集作武守之職財
帛田宅有左右守衛又與太陰武曲同度不見惡星必爲財賦
之官更與武曲祿存同宮身命中尤爲奇特男女宮得祥佐吉
星主生貴子若獨守無相佐則子息孤單妻宮會吉男女得貴
美夫婦諧老亦要無破殺遷移雖是強宮更要相佐有吉星照
命則因人之貴福德男爲陷地女爲廟樂逢吉則吉逢凶則凶
希夷先生曰紫微爲帝座在諸宮能降福消災解諸星之惡虛
能制火鈴爲善能降七殺爲權若得府相左右昌曲吉集無有
不貴不然亦主巨富縱有四殺沖破亦作中局若遇破軍在辰

戌丑未宮爲臣不忠爲子不孝之論女命逢之作貴婦斷加殺
冲破亦作平常不爲下賤

歌曰

紫微原屬土官祿宮主星有相爲有用無相爲孤君諸宮皆降
福逢凶福自申文昌發科甲文曲受皇恩僧道有師號快樂度
春秋衆星皆拱照爲吏協公平女人會帝座遇吉事貴人若與
桃花會飄蕩落風塵擎羊火鈴聚鼠竊狗偷輩三方有吉拱方
作貴人評若還無輔弼諸惡共欺淩帝爲無道主老死要知因
二限若遇帝喜氣自然新

王蟾先生曰紫微乃中天星主爲衆星之樞紐爲造化　大抵
爲人命之主宰掌五行育萬物各有所司以左輔右弼爲相以
天相昌曲爲從以魁鉞爲傳令以日月爲分司以祿馬爲掌爵
之司以天府爲帑藏之主身命逢之不勝其吉如遇四殺羊陀火鈴
刼空機梁冲破定是僧道此星在命爲人厚重面紫色專作吉
斷

問天機所主如何　答曰天機屬木南斗第三益算之善星也
後化氣曰善得地合之行事解諸星之順逆定數於人命逢諸
吉咸集則萬事皆善勤於禮佛敬乎六親利於林泉宜於僧道

無惡虐不仁之心有靈機應變之志淵魚察見作事有方女命
遇之爲福逢吉爲吉遇凶爲凶或守於身更逢天梁必有高藝
隨身習者宜詳玩之
希夷先生曰天機爲善之星若守身命主人異常與天梁左右
昌曲交會文爲清顯武爲忠良若居陷地四殺冲破是爲下局
若見七殺天梁當爲僧道之清閑凡人二限逢之興家創業更
改女人吉星拱照主旺夫益子有權祿則爲貴婦落局羊陀火
忌冲破主下賤殘疾刑剋

歌曰

天機兄弟主南斗正曜星作事有操略禀性最高明所爲最好
尚亦可作羣英會吉主享福入格居翰林巨門同一位武職壓
邊庭亦要權逢殺方可立功名天梁星同位定作道與僧女人
若逢此性巧必淫奔天同與昌曲聚拱主華榮辰戌子午地入
廟有功名若在寅卯辰七殺并破軍血光災不測羊陀及火鈴
若與諸殺會災患有虛驚武貪廉破會兩目少光明二限臨此
宿事必有變更
玉蟾先生曰天機南斗善星故化氣曰善佐帝令以行事解諸
凶之逆節定數於人命之中若逢吉聚則爲富貴若逢殺冲亦

必好善孝義六親勤於禮佛無不仁不義之爲有靈通變達之
志女命逢之多主福壽 其在廟旺有力陷地無力
問太陽所主若何 答曰太陽星屬火日之精也乃造化之表
儀在數主人有貴氣能爲文爲武諸吉集則降禎祥處黑星則
勞心費力若隨身命之中居於廟樂之地爲數中之至曜乃官
祿之樞機後化貴化祿最宜在官祿宮男作父星女爲夫主命
逢諸吉守照更得太陰同照富貴全美若身居之逢吉聚則可
在貴人門下客否則公卿走卒夫妻亦爲弱宮男爲諸吉聚可
因妻得貴陷地加殺傷妻不吉男女宮得入座加吉星在廟旺
地主生貴子權柄不小若財帛宮於旺地會吉相助亦怕巨門

纏其富貴綿遠矣若旺相無空劫一生主富居田宅得祖父蔭
澤若左右諸吉星皆至大小二限俱到必有驟興之喜若限不
扶不可以三合論議恐應小差女命逢之限旺亦可共享與鈴
刑忌集限目下有憂或生尅父母刑殺聚限有傷官之憂常八
有官非之撓與羊陀聚則有疾病與火鈴合其苦楚不少推而
至此禍福瞭然遷移宮其禍與身命不同難招祖業移根換葉
出祖爲家限步逢之決要動移女命逢之不及若福德宮有相
佐夫招賢明之夫父母宮男子早作父星有輝則吉無輝尅父

希夷先生曰太陽星周天曆度輸轉無窮喜輔弼而佐君象以祿存而助福所忌者巨暗遭逢所樂者太陰相旺諸宮會吉則吉黑道遇之則勞守入身命主人忠鯁不較是非若居廟旺化祿化權允爲貴論若得左右昌曲魁鉞三合拱照財官二宮富貴極品加四殺亦主飽煖僧道有師號女人廟旺主旺夫益子加權祿封贈加殺主平常

歌曰

太陽原屬火正主官祿星若居身命位稟性最聰明慈愛甚寬大福壽享遐齡若與太陰會驟發貴無倫有輝照身命平步入

金門巨門不相犯升殿承君恩偏垣逢暗度貧賤不可言男人必尅父女命夫不全火鈴逢苦定羊陀眼目昏二限若値此必定賣田園

玉蟾先生曰太陽司權貴爲文遇天刑爲武在寅卯爲初昇在辰巳爲昇殿在午爲日麗中天主大富貴在未申爲偏垣作事先勤後惰在酉爲西沒貴而不顯秀而不實在戌亥子爲失輝更逢巨暗破軍一生勞祿貧怍更主眼目有傷與人寡合招非女命逢之夫星不美遇耗則非禮成婚若與祿存同宮雖主財帛亦辛苦不閑若與帝星左右同宮則爲貴論又嫌火鈴刑忌

未免先剋其父此星男得之爲父星女得之爲夫星
問武曲星所主若何　答曰武曲北斗第六星屬金乃財帛宮
主財與天府同宮有壽其施權於十二宮分其臨地有廟旺陷
宮主於人性剛果决有喜有怒可福可災若陷四會於震宮必
爲破祖淹留之輩與祿馬交馳發財於遠郡若貪狼同度慳吝
之人破軍同財鄉財到手而成空諸凶聚而作禍吉集以成祥
希夷先生曰武曲屬金在天司壽在數司財怕受制入陷喜祿
存而同政與太陰以互權天府天梁爲佐貳之星財帛田宅爲
專司之所惡殺耗四會於震宮必見木壓雷震破軍貪狼會於

坎宮必主投河溺水會祿馬則發財遠郡貪狼會則少年不利
所謂武曲守命福非輕貪狼不發少年人是也廟樂桃花同度
利已損人七殺火星同宮因財被刼遇羊陀則孤尅遇破軍難
顯貴單居二限可也若與破軍同位更臨二限之中定主是非
之撓蓋武曲守命主人剛強果斷甲已生人福厚出將入相更
得貪火冲破定爲貴格喜西北生人東南生人平常不守祖業
四殺冲破孤貧不一破相延年女人吉多爲貴婦加殺冲破孤尅
問天同星所主若何　答曰天同星屬水乃南方第四星也爲
福德宮之主宰後云化福最喜遇吉曜助福添祥爲人廉潔貌

寘清高有機謀無凡激不怕七殺相侵不怕諸殺同纏限若逢之一生得地十二宮中皆曰福無破定為祥

希夷先生曰天同南斗益算保生之星化祿為善逢吉為祥身命值之主為人謙遜禀性溫和心慈鯁直文墨精通有奇志無凶激不忌七殺相侵不畏諸凶同度十二宮中皆為福論遇左右昌梁貴顯喜壬乙生人巳亥得地不宜六庚生人居酉地終身不守會四殺居巳亥為陷殘疾孤尅女人逢殺冲破刑夫尅子深月冲破合作偏房會道宜之主享福

問廉貞所主若何　答曰廉貞屬木北斗第五星也不斗司品秩在數司權令不臨廟旺更犯官符故曰化囚為殺禍之不可解其禍逢之不可測其祥主人心狠性狂不習禮義逢帝座執威權遇祿存主富貴遇文昌好禮樂遇殺曜顯武職在官祿有威權在身命為次桃花若居旺宮則賭博迷花而致訟與巨門交會於陷地則是非起於官司逢財星耗合祖業必破遇刑忌則膿血不免遇白虎則刑杖難逃遇武曲於受制之鄉恐木壓蛇傷同火曜於陷空之地主投河自縊破軍與日月以濟行目疾而不免限逢至此災不可擬只宜官祿身命之位遇吉福應逢凶則不慈若在他宮禍福宜詳

歌曰

廉貪巳亥宮遇吉福盈豐應過三旬後須防不善終

問天府所主若何　答曰天府屬土南斗主令第一星也爲財帛之主宰在斗司福權之宿會吉皆爲富貴之基定作文昌之論希夷先生曰天府乃南斗延壽解厄之星又曰司命上相鎮國之星在斗司權在數則職掌財帛田宅衣祿之神爲帝之佐貳能制羊陀爲從能化火鈴爲福主人相貌清奇稟性溫良端雅與太陽昌曲會必登首選逢祿存武曲必有巨萬之富祕云天府爲祿庫命逢終是富是也不喜四殺冲破雖無官貴亦主財

田富足以田宅財爲廟樂以奴僕相貌爲陷弱以兄弟爲平身命逢之得相佐主夫妻子女不缺若値空亡是爲孤立不可一例而推斷大抵此星多主吉又曰此星不論諸宮皆吉女命得之清正機巧旺夫益子雖見冲破亦以善論僧道宜之有師號

歌曰

天府爲祿庫入命終是富萬頃置田庄家資無論數女命坐香閨男人食天祿此是福吉星四外無不足

問太陰星所主若何　答曰太陰乃水之精爲田宅主化富與日爲配天儀表有上弦下弦之用黃到黑到分勢尚好虧數定

廟樂其爲人也聰明俊秀其禀性也端雅純祥上弦爲要之機
下弦減威之論所值不以所見無妨若相生坐於太陽日在卯
月在酉俱爲旺地爲富貴之基命坐銀輝之宮諸吉咸集爲享
福之論若居陷地則落弱之名若上弦下弦仍可不逢巨門爲
佳身若居之則有隨娘繼拜或離祖過房身命若見惡殺交冲
必作傷殘之論除非僧道反獲禎祥决禍福最爲要緊不可參
差又或與文曲同居身命定是九流術士男爲妻宿又作母星
希夷先生曰太陰化祿與日爲配以卯辰巳午未爲陷地以酉
戌亥子丑爲得垣酉爲四出之門爲東潛之所嫌巨門以來纏

怕羊陀以同度廉囚相冠七殺相冲恐非得意之垣定作傷殘
之論此星屬水爲田宅宮主有輝爲福失陷必凶男女得之皆
爲母星又作妻宿若在身命廟樂吉集主富貴在疾厄遇陀瞎
爲目疾遇火鈴爲災值貪殺損目在父母如陷地失輝遇流年
白虎太歲主母有災此雖純和之星但失輝受制則不吉若逢
白虎喪門吊客妻亦慎之
問貪狼所主若何　答曰貪狼北斗解厄之神第一星也屬水
化氣爲桃花爲標準乃主禍福之神受善惡定奸詐瞞人投學
神仙之術又好高吟浮蕩作巧成拙入廟樂之宮可爲祥可爲

怕

禍會破軍迷花戀酒而喪命同祿存可吉遇耗囚以虛花遇廉貞也不潔見七殺或配以遭刑遇羊陀主壽疾逢刑忌有斑痕二限為禍非輕與七殺同守身命男有穿窬之體女有偷香之態諸吉壓不能為福衆凶聚愈長其奸以事藏機虛花無實與人交厚者薄而薄者又厚故云七殺守身終是夭貪狼入廟必為娼若身命與破軍同居更居三合之鄉生旺之地男好飲而好賭嫖遊蕩女無媒而自嫁淫奔私竊輕則隨客奔馳重則遊於歌妓若見空亡返主端正若與武曲同度為人諂佞奸貪每存肥己之心並無濟人之意與貞同公庭必定遭刑七殺同為

定為屠宰羊陀交併必作風流之鬼昌曲同度必多虛而少實與七殺日月同纏男女淫邪虛花巨門交戰口舌是非常有若犯帝座無制便為無益之人得輔弼昌曲夾制則無此論陷地逢生又生祥瑞雖家顛也發一時之財惟會火鈴富貴全美在財帛與武曲太陰同終非所自發則為淫佚在兄弟子息俱為陷地在田宅則破蕩祖業先富後貧奴僕居於廟旺必因奴僕所破夫妻宮男女俱不得美疾厄與羊陀暗殺交併酒色之病遷移若坐火鄉破軍暗殺併流年歲殺叠併則主遭兵火賊盜相侵總而言之男女非得地之星不見尤妙

希夷先生曰貪狼爲北斗解厄之神陟明之星其氣屬木體屬水故化氣爲桃花乃主禍福之神在數則樂爲放蕩之事遇吉則主富貴遇凶則主虛浮主人矮小性剛猛威機深謀遠隨波逐浪愛憎難定居廟旺遇火星武職權貴戊己生人合局遇軍相延壽會廉武巧藝得祿存僧道宜之破殺相冲飄蓬度日女人主刑尅不潔遇太陰則主淫佚

問巨門所主若何　答曰巨門屬水金北斗第二星也爲陰精之星化氣爲暗在身命一生招口舌之非在兄弟則骨肉參商在夫妻主於隔角生離死別縱夫妻有對不免汙名失節在子息損後方招雖有而無在財帛有爭競之撓在疾厄則刑忌眼目之災殺臨主殘疾在遷移則招是非在奴僕則多怨逆在官祿主招刑杖在田宅則破蕩祖業在福德其禍稍輕在父母則遭棄擲

希夷先生曰巨門在天司品萬物在數則掌執是非主於暗昧疑是多非欺瞞天地進退兩難其性則面是背非六親寡合交人初善終惡十二宮中若無廟樂照臨到處爲災奔波勞碌至亥子丑寅巳申雖富貴亦不耐久會太陽則吉凶相半逢七殺則主殺傷貪耗同行因好徒配遇帝座則制其強逢祿存則解

其厄值羊陀男盜女娼對官遇火鈴白虎無帝壓祿存央配于里三合殺湊必遭火厄此乃孤獨之數剋剝之神除爲僧道九流方免勞神僊蹇限逢凶曜災難不輕

問天相星所主若何　答曰天相屬水南斗第五星也爲司爵之宿爲福善化氣曰印是爲官祿文星佐帝之位若人命逢之言語誠實事不虛爲見人難有惻隱之心見人惡抱不平之氣官祿得之則顯榮帝座合之則爭權雖佐日月之光兼化廉貞之惡身命得之而榮耀子息得之而嗣續昌十二宫中皆爲祥福不隨惡而變志不因殺而改移限步逢之富不可量此星若臨生旺之鄉雖不逢帝座若得左右則職掌威權或居閑弱之

地也作吉利二限逢之主富貴

希夷先生曰天相南斗司爵之星化氣爲印主人衣食豐足昌曲左右相會位至公卿陷地貪廉武破羊陀殺湊巧藝安身火鈴冲破殘疾女人主聰明端莊志過丈夫三方吉拱封贈論若昌曲冲破侍妾在僧道主清高

歌曰

天相原屬水化印主官祿身命二宫逢定主多財福形體又肥
滿語言不輕濆出仕主飛騰居家主財穀二限若逢之百事皆充足

問天梁星所主若何　答曰天梁屬土南斗第二星也司壽化
氣爲蔭爲福壽乃父母之主宰殺帝之權於人命則性情磊落
於相貌則厚重溫謙循直無私臨事果決蔭於身命福及子孫
遇昌曲於財官逢太陽於福德三合乃萬全聲名顯於王室職
位臨於風憲若逢耗曜更逢天機及殺宜僧道亦受王家制誥
逢貪狼同度而亂禮亂家居奴僕疾厄相貌作豐隆之論見廉
貞刑忌必無災厄克激之虞遇火鈴刑暗亦無征戰之撓太歲
冲而爲福白虎臨而無殃論而至此歟決窮通之論也命或對
宮有天梁主有壽乃極吉之星也

希夷先生又曰天梁南斗司壽之星化氣爲蔭爲壽佐上帝威
權爲父母官主主人清秀溫和形神穩重性情磊落善識兵法
得昌曲左右加會位至台省在父母宮則厚重威嚴會太陽於
福德極品之貴戊巳生人合局若四殺冲破則苗而不秀逢天
機耗曜僧道清閑於貪巨同度則敗倫亂俗在奴僕疾厄亦非
豐隆之論廉貞刑忌見之必無克敵之虞火鈴刑暗遇之亦無
征戰之撓太歲冲而爲福白虎會而無災奏書會則有意外之
喜青龍動則有文書之喜小耗大耗交遇所幹無成病符官符
相侵不爲災論女人吉星入廟旺夫益子昌曲左右扶持封贈

羊陀大忌冲破刑尅招非不潔僧道宜之

歌曰

天梁原屬土南斗最吉星化蔭名延壽父母宮主星田宅兄弟內得之福自生形神自持重心性更和平生來無災患文章有聲名六親更和睦仕宦君王庭巨門若相會勞碌歷艱辛若逢天機照僧道享山林二星在辰戌福壽不須論

問七殺星所主若何　答曰七殺南斗第六星也屬火金乃斗中之上將實成敗之孤辰在斗司斗柄主於風憲其威作金之靈其性若清凉之兆主於數則宜僧道主於身定歷艱辛在命

宮君限不扶夭折在官祿得地化禍爲祥在子息而子息孤單居夫婦而鸞鳳牛吟會刑囚於田宅父母刑傷父母產業難留逢刑忌殺於遷移疾厄終身殘疾縱使一身孤獨也應壽年不長與囚於身命折肢傷股又主癆傷會囚耗於遷移死于道路若臨陷弱之宮爲殘較減若值正陰之宮作禍憂深流年殺曜莫教逢身殺星辰休迭併身殺逢惡曜於要地命逢殺曜于三方流殺又迭併二限之中又逢主陣亡掠死合太陽巨門會帝旺之鄉則吉處空亡犯刑殺遭禍不輕大小二限合身命殺雖帝制也無功三合對冲雖祿亦無力莽世英雄爲殺制此時一

麥南柯此乃倒限之地所主務要仔細推詳乃數中之惡曜實非善星也

希夷先生曰七殺斗中上將遇紫微則化權降福遇火鈴則爲殺長其威遇凶曜於生鄉定爲屠宰會昌曲於要地情性頑囂秘經云七殺居陷地沉吟福不生是也二宮逢之定歷艱辛二限逢之遭殃破敗遇帝祿而可解遭流殺而逢凶守身命作事進退喜怒不常左右昌曲入廟拱照掌生殺之權富貴出衆若四殺忌星冲破巧藝平常之人陷地殘疾女命旺地財權服衆志過丈夫四殺冲破刑剋不潔僧道宜之若殺湊飄蕩流移還俗

歌曰

七殺寅申子午宮四夷拱手服英雄魁鉞左右文昌會權祿名高食萬鍾

殺居陷地不堪言凶禍猶如抱虎眠若是殺強無制伏少年惡死到黃泉

問破軍所主若何　答曰破軍屬水北斗第七星也司夫妻子媳奴僕之神居子午入廟在天爲殺氣在數爲耗星故化氣曰耗主人暴凶狡詐其性奸猾與人寡合動輒損人不成人之惡善助人之惡虐視六親如寇仇處骨肉無仁義惟六癸六甲生

人合格主富貴陷地加殺沖破巧藝殘疾不守祖業僧道宜之女人沖破淫蕩無恥此星居紫微則失威權逢天府則作奸僞會天機則鼠竊狗盜與廉貞火鈴同度則決起官方與巨門同度則口舌爭鬬與刑忌同度則終身殘疾與武曲入財則東傾西敗與文星守命一生貧士遇諸凶結黨破敗遇陷地其禍不輕惟天梁可制其惡天祿可解其狂若逢流殺交併家業蕩空與文曲入于水域殘疾離鄉遇文昌於震宮遇吉可貴若女命逢之無媒自嫁喪節飄流死坐人身命居子午貪狼七殺相拱則威震華夷或與武曲同居巳宮貪狼拱亦居台閣但看惡星

何如庚癸生人入格到老亦不全美也在身命陷地棄祖離宗在兄弟骨肉參商在夫妻不正主婚姻進退在子息先損後成在財帛如湯澆雪在疾厄致尪羸之疾在遷移奔走無力在奴僕謗怨逃走在官祿主清貧在田宅陷度祖基破蕩在福德多災在父母破相刑尅

問文昌星所主若何　答曰文昌主科甲守身命主人幽閑儒雅清秀魁梧博文廣記機變異常一舉成名披緋衣紫福壽雙全縱四殺沖破不爲下賤女人加吉得地衣祿充足四殺沖破偏房下僧道宜之加權祿重厚有師號

歌曰

文昌主科甲辰巳是旺地利午嫌卯酉火生人不利君貝定分明相貌極俊麗喜於金生人富貴雙全美先難而後易中晚有聲名太陽蔭福集傳臚第一名

問文曲星所主若何　答曰文曲屬水北斗第四星也主科甲文章之宿其像屬水與文昌同協吉數最爲祥臨身命中作科第之客桃花浪煖入仕無疑於官祿面君顏而執政單居身命更逢凶曜亦作無名舌辯之徒與廉貞共處必作公吏官身與太陰同行定係九流術士怕逢破軍恐臨水以生災嫌遇貪狼

沚政事而顛倒逢七殺刑忌囚及諸惡曜詐僞莫逃逢巨門共其度和而喪志女命不宜於逢水性楊花忌入土宮限臨蹭蹬若祿存化祿來纏不可以爲凶論

希夷先生曰文曲守身命居巳酉丑宮居侯伯武貪三合同垣將相之格文昌遇合亦然若陷宮午戌之地巨門羊陀沖破喪命夭折水大驚險若亥卯未旺地與天梁天相會主聰明博學殺中破只宜僧道若女命值之淸秀聰明主貴若陷地沖破淫而且賤

問流年昌曲若何　答曰命逢流年昌曲爲科名科甲大小二

宰

限逢之三合拱照太陽又照流年祿小限太歲逢魁鉞左右台座日月科權祿馬三方拱照決然高中無疑然非此數星俱全方爲大吉但以流年科甲爲主如命限值之其餘吉曜若得二三拱照亦必高中但二星在巳酉得地不富即貴只是不能久耐

歌曰

南北昌曲星數中推第一身命最爲佳諸吉恐非吉得居人命上桃花浪三汲入仕更無慮從容要輔弼只恐惡殺臨火鈴羊陀激若還逢陷地苗而秀不實不是公吏輩九流併藝術無祓宰職權女人多淫佚樂居亥子宮空亡宮無益

問左輔所主若何　希夷先生答曰左輔帝極主宰之星守身命諸宮降福主人形貌敦厚慷慨風流紫府祿權貪武三合沖照主文武大貴火忌沖破雖富貴不久僧道清閑女人溫良賢聰旺地封贈大忌沖破以中局斷之

問右弼所主若何　希夷先生答曰右弼帝極主宰之星守身命文墨精通紫府吉星同垣財官雙美文武雙全羊陀火忌沖破下局斷之女人賢良有志縱四殺沖破不爲下賤僧道清閑

歌曰

左輔原屬土右弼水爲根失君爲無用三合宜見君若在紫微

位爵祿不須論若在夫妻位主人定二婚若與廉貞併惡賤遭
鉗兇
輔弼為上相輔佐紫微星喜居日月側文人遇禹門倘居閑位
上無爵更無名妻宮遇此宿决定兩妻成若與刑囚處遭傷作
盜論
問天魁天鉞星所主若何　希夷先生答曰魁鉞斗中司科之
星人命坐貴向貴或得左右吉聚無不富貴況二星又為上界
和合之神若魁臨命鉞守身更迭相守更遇紫府日月昌曲左
右權祿相湊少年必娶美妻若遇大難必得貴人成就扶助小

人不一亦不為凶限步巡逢必主女子添喜生男則俊雅入學
功名有成生女則容貌端莊出衆超群若四十以後逢墓庫不
依此斷有凶不以為災居官者賢而威武聲名遠播僧道享福
與人和睦不為下賤女人吉多宰輔之妻命婦之論若加惡殺
亦為富貴但不免私情淫佚

歌曰
天乙貴人衆所欽命逢金帶福彌深飛騰名譽人爭慕博雅皆
通古與今
魁鉞二星限中強人人遇此廣錢粮官史逢之發財福當年必

定面君王

問祿存星所主君何。希夷先生答曰祿存北斗第三星真人之宿主人貴爵掌人壽基帝相扶之施權日月得之增輝天府武曲爲厥職天梁天同共其祥十二宮中惟身命田宅財帛爲緊主富居遷移則佳與帝星守官祿宜子孫爵秩若獨守命而無吉化乃看財奴耳逢吉逞其權遇惡敗其迹最嫌落空陷空不能爲福更奏火鈴空劫巧藝安身蓋祿爵當得勢而享之守身命主人慈厚信直通文濟楚女人清淑機巧能幹能爲有君子之志紫府廉同會合作祿存上局大抵此星諸宮降福消災

然祿存陷居四墓之地者蓋以辰戌爲魁罡丑未爲貴人之門故祿存遇之良有以也

歌曰

北斗祿存星數中爲上局守值身命內不貴多金玉此爲迴吉星亦可登仕路文人有聲名武人有厚祿常庶發積財僧道主福官吏若逢之斷然食天祿

又曰

夾祿拱貴并化祿金裡重逢金滿屋不惟方丈比諸侯一食萬鍾猶未足

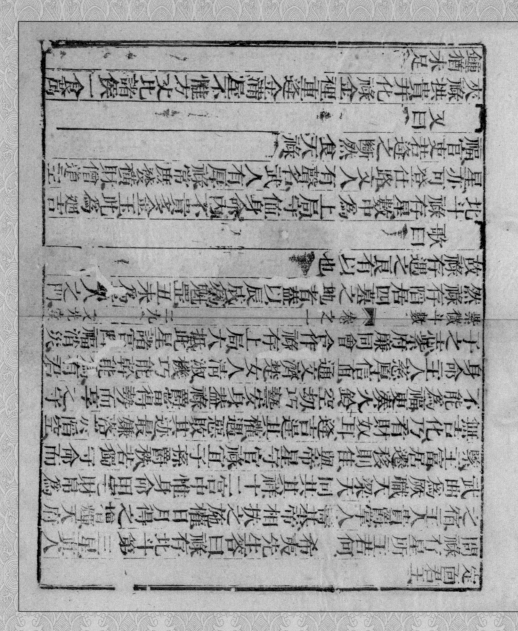

祿存對向守遷移三合逢之利祿宜得進退遇入欽敬仍然白
手起家基
問天馬星所主若何　希夷先生答曰諸宮各有制化如身命
臨之謂之驛馬喜祿存紫府昌曲守照為吉如大小二限臨之
更遇祿存紫府流昌必利如與祿存同宮謂之祿馬交馳又曰
折鞭馬紫府同宮謂之扶轝馬刑殺同宮謂之負尸馬火星同
宮謂之戰馬日月同宮謂之雌雄馬逢空亡謂之死馬下馬居
絕死謂之死馬遇陀羅謂之折足馬以上犯此數者但法派
流年值之依此斷

問化祿星所主若何　希夷先生答曰祿為福德之神守身命
官祿之位科權相逢必作大臣之職小限逢之主進財入仕之
喜大限十年吉慶無疑忌羅來臨并羊陀火忌沖照亦不為害
女人吉湊作命婦二限逢之內外威嚴殺湊平常
問化權星所主若何　希夷先生答曰權星掌判生殺之神守
守命科祿相出將入相科權相逢必定文章冠世人皆欽仰小
限相逢無有不吉大限十年必然榮達如逢羊陀耗使劫空聽
讒貽累官災貶謫女人得之內外稱意可作命婦僧道掌山林
有師號

送

問化科星所主若何　希夷先生答曰科星上界應試主掌文墨之星守身命權祿相逢宰臣之貴如逢惡曜亦爲文章秀士可作群英師範女命吉拱主貴封贈雖四殺冲破亦爲富貴與科星拱照冲同論

問化忌星所主若何　希夷先生答曰忌爲多管之神守身命一生不順小限逢之一年不足大限十年悔吝二限太歲交臨斷然蹭蹬文人不耐久武人縱有官災口舌不妨雖商賈技藝人皆不宜利如會紫府昌曲左右科權祿與忌同宮又兼四殺共處卽發亦不住財功名亦不成就如單逢四殺耗使刼空主

奔波帶疾僧道流移還俗女人一生貧夭

問擎羊星所主若何　希夷先生答曰擎羊北斗之助星守身命性麄行暴孤單則視親爲踈翻恩爲怨入廟性剛果決機謀好勇主權貴北方生人爲福四墓生人不忌居卯酉作禍興殃刑剋極甚六甲六戊生人必有凶禍縱富貴不久亦不善終若九流工藝人辛勤加火忌刼空冲破殘疾離祖刑剋六親女人入廟加吉上局殺耗冲破多主刑剋下局

問陀羅星所主若何　希夷先生答曰陀羅北斗之助星守身命心行不正暗淚長流性剛威猛作事進退橫成橫破飄蕩不

定與貪狼同度因酒色以成癆與火鈴同處疥疫之不死居疾
厄暗疾纏綿辰戌丑未生人爲福在廟財官論文人不耐久武
人横發高遷若陷地加殺刑尅招凶二姓延生女人刑尅下賤

羊陀二星總論

玉蟾先生曰擎羊陀羅二星屬火金乃北斗浮星在斗司奏在
數凶厄羊化氣曰刑陀化氣曰忌怕臨兄弟田宅父母三宮忌
三合臨身命合昌曲左右有暗痣眼痣見日月女尅夫而夫尅
婦爲諸宮之凶神忌同日月則傷親損目刑併桃花則風流惹
禍忌貪狼合因花酒以忘身刑與暗同行招暗疾而壞目忌與

殺暗同度招凌辱而生暗疾與火鈴爲凶伴只宜僧道權刑合
殺疾病官厄不免貪耗流年面上刺痕二限更遇此災生不時
而生也

歌曰

刑與暗同行暗疾刑六親火鈴遇凶伴只宜道與僧權刑囚合
殺疾病災厄侵貪耗流年聚面上刺痕新限運若逢此横禍血刃生
羊陀天壽殺人遇爲掃星君子防恐懼小人遭刑遇耗決乞
求只宜林下人二限倘來犯不時災禍侵
問火星所主若何 答曰火星乃南斗浮星也

希夷先生歌曰火星大殺將南斗號殺神若坐身命位諸宮不
可臨性氣亦沉毒剛強出衆人毛髮多異類唇齒有傷痕更與
羊陀會襁褓必災迍過房出外養二姓可延生此星東南利不
利西北生若得貪狼會旺地貴無倫封侯居上將勳業著邊庭
三方無殺破中年後始興僧道多飄蕩不守規戒心女人旺地
潔陷地主邪淫刑夫又剋子下賤勞碌人

問鈴星所主若何　答曰鈴星乃南斗助星也

希夷先生歌曰大殺鈴星將南斗爲從神值人身命者性格亦
沉吟形貌多異類威勢有聲名若與貪狼會指日立邊庭廟地

財官貴陷地主孤貧羊陀若湊合其形大不清孤單并棄祖殘
傷帶疾人僧道多飄蕩還俗定無倫女人無吉曜刑剋少六親
終身不貞潔壽夭仍困貧此星大殺將其惡不可禁一生有內
禍聚實爲虛情七殺主陣亡破軍財屋傾廉宿羊刑會刼宜主
刀兵或遇貪狼宿官祿亦不寧若逢居旺地富貴不可倫

羊陀火鈴四星總論

玉蟾先生曰鈴火陀羅金擎羊刑忌訣一名馬掃星又名短壽
殺君子失其權小人犯刑法孤獨剋六親災禍常不歇腰足唇
齒傷勞碌多蹇剝破相又勞心乞丐填溝壑武曲併貪狼一扯

招凶惡疾厄若逢之四時不離着只宜山寺僧金穀常安樂

問天空地刧所主若何　希夷先生答曰二星守身命遇吉則吉遇凶則凶如四殺冲照輕者下賤重者六畜之命僧道不正女子婢妾刑尅孤獨大低二星俱不宜見定主破財二限逢之必凶

歌曰

刧空爲害最愁人才智英雄誤一身只好爲僧併學術堆金積玉也須貧

問天傷天使星所主若何　希夷先生答曰天傷乃上天虛耗之神天使乃上天傳使之神太歲二限逢之不問得地否只要吉多爲福其禍稍輕如無吉值巨門羊陀火忌天機其年必主官災喪亡破敗

歌曰

限至天耗號天傷夫子在陳也絕粮天使限臨人共忌石崇巨富破家亡

問天刑星所主若何　希夷先生答曰天刑守命身不爲僧道定主孤刑不夭則貧父母兄弟不得全二限逢之主出家官事牢獄失財入廟則吉

歌曰

天刑未必是凶星入廟名爲天喜神昌曲吉星來湊合定然獻
策到王庭

刑居寅上并酉戌更臨卯位自光明必遇文星成大業掌握兵
權百萬兵

三不了兮號天刑爲僧爲道是孤身天哭一星皆同到終是難
逃有疾人

問天姚星所主若何　希夷先生答曰天姚守身命心性陰毒
多疑惑善顏色風流多婢主淫入廟旺主富貴多奴居亥有學
識會惡星破家敗產因色犯刑六合重逢少年夭折若臨限不
用媒妁招手成婚或紫微吉星加剛柔相濟主風騷加紅鸞愈
淫加刑刃主夭

歌曰

天姚居戌卯酉遊更入雙魚一併求福厚生成躭酒色無災無
禍度春秋

天姚星與敗星同號曰人間掃氣翁辛苦平生過一世不貧安
逸在家中

人身偶尒值天姚戀色貪花性帶凶此曜若居生旺地位登極
品亦風騷

問天哭天虛二星所主若何　希夷先生答曰哭虛爲惡曜臨命最非常加臨父母囚破蕩費田庄若教身命陷躬獨帶刑傷六親多不足煩惱過時光東謀西不就心事揔忙忙丑卯申宮吉遇祿名顯揚二限若逢之哀哀哭斷腸

斗數骨髓賦註解

太極星纏乃群宿衆星之主天門運限即扶身助命之原在天則運用無常在人則命有格局先明格局次看惡星或有同年同月同日同時而生則有貧賤富貴壽夭之異或在惡限積百萬之金銀或在旺鄉遭連年之困苦禍福不一途而惟吉凶不

可一例而斷要知一世之榮枯定看五行之宮位立命便知貴賤安身即曉根基第一先看福德再三細考遷移分對宮之體用定三合之源流命無正曜夭折孤貧吉有凶星美玉瑕玷既得根基堅固須知合局相生堅固則富貴延壽相生則財官昭著

命好身好限好到老榮昌 假如身命坐長生帝旺之鄉本宮又得吉星廟旺及大小二限又遇相生吉地吉星則一世謀爲無不順遂

命衰身衰限衰終身乞丐 假如身命居死絕之鄉本宮不見吉化更弁羊陀火鈴空刧諸般惡曜而運限又無吉星扶應定主貧賤

夾貴夾祿少人知夾權夾科世所宜 假如丙丁壬癸生人在辰安命魁鉞加夾更遇紫

微天府日月權祿左右昌曲夾身夾命是為夾貴富貴必矣如甲生人身命丑卯而寅祿居中是生成之祿尤為上格其餘者若甲寅乙卯庚申辛酉四位俱同此格如甲生人安命在子廉貞化祿居亥破軍化權居丑是科權祿夾命定主富貴餘皆倣此

夾月夾日誰能遇夾昌夾曲主貴兮 假如太陽太陰在身命前後二宮夾命不逢空劫羊鈴其貴必矣如昌曲夾命亦如之

夾空夾劫主貧賤夾羊夾陀為乞丐 假如命化忌遇天空地劫羊陀等殺夾身命者及廉破武等星偏之定主孤寒下格如不廢即夭又如命化忌廉貞羊陀火鈴來夾者亦為下格或祿在生旺酉地雖夾祿羊陀不為下格又或羊陀空劫不廢臨及三方遇權祿者亦不在夾販論但逢殺運有災

廉貞七殺反為積富之人 廉貞屬火七殺屬金是火能制金為權如貞居未殺居午身命遇之奇格也反為積富或陷地化忌下格賤命

天梁太陰卻作飄蓬之客 太陰居卯辰巳午俱為陷地如亥巳二宮遇天梁坐於身命定主孤寒不然飄蕩他鄉耽戀酒色徒耳又云梁雖不陷亦不作敦厚之人

廉貞主下賤之孤寒太陰主一生之快樂 假如身命巳亥遇廉貞乃為陷地三方前後二宮又無吉星拱夾允為貧賤又如身命自未至子宮遇太陰必主富貴或吉多富貴不小或吉少亦主刀筆功名

先貧後富武貪同身命之宮 假如命立丑未二星同宮益武曲之金剋貪狼之木則木逢制化為有用故先雖貧而後方富貴又或得三方有昌曲左右等星拱照主貴限逢科權祿則貴顯至矣

先富後貧只為運逢劫殺 如身命宮或有一二正曜出門亦遇吉限至中年限行絕地兼遇劫空耗殺等凶則身命無力故後貧也

出世榮華權祿守財福之位（權祿守財帛福德入廟吉多定主榮華身命值之亦然）

生來貧賤劫空臨財福之鄉（劫空在財帛福德二宮多主人貧賤如身命值之亦然）

文昌武曲爲人多學多能左輔右弼秉性克寬克厚（假如辰戌巳亥卯酉安命遇昌曲二星是也有昌曲坐命未宮見午陀等殺者災妖故有法要活變如左右二星坐命不拘星辰多少亦寬厚）

天府天相乃爲衣祿之神爲仕爲官定主亨通之兆（假如丑安命巳酉府相來朝未安命亥卯府相來朝是也甲生人無殺依此斷如加殺不是）

苗而不秀科名陷於凶神（假如科星陷於空劫羊陀之中又或太陽在戌化科太陰在卯雖爲化吉科權祿亦不爲美也）

發不主財祿主纏于弱地（假如化祿陷于劫空是也又或子午申酉宮弱化祿無用亦主孤貧）

七殺朝斗爵祿榮昌（假如寅申乙午四宮安身命七殺值之是也亦要左右魁鉞昌曲坐照拱合一生富貴榮華或遇吉限尤美若加殺不是）

紫府同宮終身福厚（如寅申二宮安命值紫微天府同宮三方有左右魁鉞拱照必主富貴終身福厚甲生人化吉極美）

紫微居午無殺湊位至卿（假如甲丁巳生人安命午宮值之入格主大貴其餘宮亦主富足或小貴）

天府臨戌有星扶腰金衣紫（假如甲巳生人安命戌宮值之依此斷加殺不是要有魁鉞左右祿權王大富貴如無此吉星亦平常）

科權祿拱名譽昭彰（此爲三化吉星如身命坐守一化財帛官祿宮二化來合是二合守照謂之科權祿拱是也如左右位至三公）

武曲廟垣威名赫奕假如辰戌二宮安命值之上格丑未安命次之宜見權祿左右昌同吉星則依此斷

科明祿暗位列三台假如甲生人安命亥宮值科星守在命宮又天祿居寅則寅與亥合故曰科明祿暗

日月同臨官居侯伯假如命安丑宮日月在未命安未宮日月在丑謂之同臨是也訣云日月同臨論對官丙辛人遇福興隆

巨機同宮公卿之位假如辛乙生人安命卯宮二星守命更遇昌曲左右上格如丙生人次之丁生人亦主平常其餘宮分不在此論

貪鈴並守將相之名假如辰戌丑未子宮安命值之是為入廟依此斷如加吉惟子辰二宮坐守尤佳戌巳生人合格

天魁天鉞蓋世文章如身命坐魁對宮天鉞身命坐鉞對宮天魁是謂坐貴向貴更會吉化其貴必然矣

天祿天馬驚人甲第如寅申巳亥四宮安命值天祿天馬坐守命宮更三合吉守照依此斷如殺不是

左輔文昌會吉星尊居八座假如此二星坐守身命更三方吉拱依此斷加殺刼空不合此格

貪狼火星居廟旺名鎮諸邦如辰戌丑未四宮安命值此上格三方吉化拱照尤美如卯宮安命無殺次之如羊陀刼空不是

巨日同宮官封三代寅宮安命值此無刼空四殺上格申宮次之巳亥不為美如巳宮有日守命垣亥有巨者上格巳有巨守命亥有日者不美下格申有日守巨來同加無殺加平常之人

紫府朝垣食祿萬鍾如寅宮安命午戌宮紫府來朝申宮安命子辰二宮有紫府來朝是為人君勛臣之象吉格也更遇流祿逢必然位至公卿如七殺在寅申坐者亦為上格加四殺加化忌為平常人也

科權對拱躍三汲於禹門科權二星在遷移財帛官祿三方對拱是也或命宮有化科權祿三方守

照無不亦然

日月並明佐九重於堯殿如安命丑宮日在巳月在酉來朝照爲並明辛乙生人合格如丙壬人主貴丁生人主富如四殺空劫忌平常

府相同來會命宮全家食祿三合照臨更遇本宮吉多身命無敗是爲府相朝垣之格富貴必矣訣云府相朝垣格最良出仕爲官大吉昌

三合明珠生旺地穩步蟾宮如在未宮安命日在卯宮月在亥宮來朝照爲明珠出海定主財官雙美如辰宮日守命戌宮月對照戌宮月守命辰宮日對照必主極貴

七殺破軍宜出外此二星會身命於陷地主諸般手藝能精出外可也殺寅申巳亥論

機月同梁作吏人此四星必身命三合曲全方准刀筆功名可就加殺化忌下格訣云寅申會同梁機月必定作吏人若無四星三者難成

紫府日月居旺地斷定公侯器紫午宮府戌宮日卯辰宮月酉戌亥又化祿科權坐守身命是也加殺劫空忌不是此格美玉瑕玷

日月科祿丑宮中定是方伯公丑未安命日月化科祿坐守是也如無吉化縱日月同宮不爲美也訣云日月丑未命中逢三方無吉祿無生若還吉化方爲美方而威權福祿增

天梁天馬陷飄蕩無疑巳亥申宮安命値天梁失陷而天馬同宮又或陷於火羅空劫依此而斷

廉貞殺不加聲名遠播殺謂四殺也如卯宮安命値之主貴亦宜三合吉照是也加殺平常或在未申二宮半命無殺方吉

日照雷門榮華富貴卯宮安命太陽坐守更三方左右昌曲魁鉞守照富貴不小甲乙庚辛生人合格加

刑忌四殺亦主溫飽

月朗天門進爵封侯亥宮安命太陰坐守更三方吉拱主大富貴無吉亦主雜職功名丙丁生人主貴壬癸生人主富

寅逢府相位登一品之榮寅宮安命府午宮相戌宮來朝甲生人遇之是也如加殺不是如酉宮安命丑府巳來朝亦貴

墓逢左右尊居八座之貴辰戌丑未安命二星坐守是也或遷移宮祿財帛三宮遇之亦主福壽

梁居午位官資清顯午宮安命天梁坐守是也丁生人上格己生人次之癸生人主富又次之

曲遇梁星位至台綱午宮安命二星同宮坐守上格寅宮次之武梁在午曲在子拱沖者官至二三品貴

科祿巡逢周勃欣然入相命官有吉坐守三方化吉拱沖或命前三位遇科權祿皆主富貴

文星暗拱賈誼幼矣登科如命宮有吉遷移官祿財帛三方有昌曲科星朝拱者是也

擎羊火星威權出衆同行貪武威壓邊夷辰戌丑未四[illegible]宮遇羊火二星入廟文武雙全兵權萬里如貪狼武曲遇火非地亦同此格斷

李廣不封擎羊逢於力士二星守命縱吉多平常之論加殺最凶女命不論

顏回夭折文昌陷於天殤如丑生人安命寅宮其文昌陷于未宮天殤流年又遇七殺及羊陀迭併之限依此斷準

仲由猛烈廉貞入廟遇將軍立命申宮此二星坐守是也餘倣此

子羽材能巨宿同梁沖且合羽命立申宮子宮有天同寅宮有巨門辰有天梁又得科權祿左右拱沖合此格是也

寅申最喜同梁會 寅宮安命值同梁化吉甲庚及申生人富貴又如申宮安命値同梁化吉甲庚及寅生人高貴

辰戌應嫌陷巨門 辰戌二宮安命値巨門失陷主人作事顚倒加殺主唇舌之非刑傷不免更遇惡限尤凶

祿倒馬倒忌太歲之合劫空 如祿馬臨敗絕空亡之地而太歲流年復會地劫天空主駁雜災悔發不住財之論

運衰限衰喜紫微之解凶惡 如大小二限不逢吉曜而身命有紫微守照則限雖凶亦主平穩蓋以身命有主故也

孤貧多有壽富貴即妖亡 如命主星弱及財官子息陷地亦宜賊祿延壽是也又如太歲[illegible]又弱或財官遷移化吉或又行吉限定主橫發不久及十年二十年運過即妖亡也

紫微斗數 卷之二 廿二

吊客喪門祿球有墜樓之厄 大小二限遇前有喪門後有吊客及太歲逢凶星必遭驚險是也

官符太歲公治有縲紲之憂 身命宮二星坐守及二限又遇官符等殺依此斷

限至天羅地網屈原溺水而亡 二限行至辰戌二宮逢武曲合狼更有太歲喪吊白虎及劫空呼殺或一逢沖照其限最凶

運遇地劫天空阮籍有貧窮之苦 二限十二宮中但遇劫空二星雖吉多亦財來財去如見流年殺曜凶星定主貧困

文昌文曲會廉貞喪命妖年 巳亥二宮安命値之是也辛生人最忌若武曲天相財帛之星臨宮反爲得貴主機

命空限空無吉湊功名蹭蹬 如命妖逢空加殺其功名必不能就或財正星吉無限空劫命限亦

子爍火辛勤不得上達、

生逢天空猶如半天折翅 命宮逢天空坐守作平常之論尤恐中年跌剝倘橫發必主凶亡如命在亥子時生人命在巳午時生人是也

命中遇劫恰如浪裡行船 命宮遇地劫坐守作平常論、亦不主財若加殺忌尤甚凶、

項羽英雄限至天空而喪國 大小二限俱逢天空是也、

石崇豪富限行劫地以亡家 大小二限臨於夾陷之地更遇流陀等殺必凶、

呂后專權兩重天祿天馬 祿存及逢化祿及天馬同守命宮是也、

楊妃好色三合文曲文昌 命宮及財官遷移昌曲照、更會太陰天機必主淫佚、

天粱遇馬女命賤而且淫 如寅申巳亥四宮安命遇天馬坐守而三方遇天粱合照是也

昌曲夾墀男命貴而且顯 太陽為丹墀太陰為桂墀如太陽太陰在丑未安命而前後二宮有左右昌曲來夾是也

極居卯酉多為脫俗僧人 紫微為北極、如坐守命宮、加殺定主僧道、無殺加吉化左右魁鉞主貴、

貞居卯酉定是公胥吏輩 卯酉安命廉貞坐守、加殺必作公門胥吏僕役、

左府同宮尊居萬乘 辰戌二宮安命値此二星坐守、更會三方吉化拱沖、必居極品之貴、

廉貞七殺流蕩天涯 巳亥二宮安命値此二星更加殺化忌逢空劫流蕩天涯不得守家、軍商在外艱辛、

鄧通餓死運逢大耗之鄉 通命安在子宮、二限行至夾限、之地大耗逢之更會惡曜是也、

夫子絕糧限到天殤之內 與上同斷

鈴昌羅武限至投河 此四星交會辰戌二宮辛壬巳生人二限行至辰戌定遭水厄又加惡殺必死外道

如四星在辰戌坐命亦然

巨火擎羊終身縊死 此三星坐守身命大小二限又逢惡殺則不美依此斷亦不至此甚也

金轝逢空不飄流即主疾苦 如命宮不見正星单值天空坐守更三合加殺化吉依此斷加吉星陀羅守命亦然如辰戌丑未不忌

馬頭帶劍非妖折則主刑傷 擎羊在午守命卯次之酉又次之爲羊刃落陷是也寅申巳亥四宮

子午破軍加官進祿 子午二宮逢破軍守命加吉星必然位至三公

昌貪居命粉骨碎屍 如巳亥二宮安命值此二星坐守加殺化忌夭亡或官祿宮遇之亦是

朝斗仰斗爵祿榮昌 七殺守命旺宮是也如子午寅申爲朝斗三方爲仰斗入格者富貴若遷宮祿二宮

不在此論

文桂文華九重貴顯 文昌爲文桂文曲爲文華如丑未安命值之更化吉及祿合吉星拱夾是也或無吉化雖昌曲無用且妖

丹墀桂墀早遂青雲之志 丹墀謂日居卯辰巳桂墀謂月入酉戌亥此六宮身命遇之是也亦宜見昌曲魁鉞

合祿拱祿定爲巨擘之臣 祿存與化祿在財官二宮合命或命坐祿而遷移有祿拱皆主富貴訣云合祿拱祿堆金玉爵位高遷衣紫袍

陰陽會昌曲出世榮華 如命坐陰陽財官二宮昌曲來會或命坐昌曲財官日月來會更遇魁鉞吉星富貴必矣

輔弼遇財官衣緋着紫如命身有正星化吉遇三方財帛官祿官有輔弼來朝是也

巨梁相會廉貞并合祿鴛鴦一世榮巨梁貪廉四星身命三合俱逢廟地並吉又如祿存化祿居夫妻宮有祿來合亦主富貴

武曲閑宮多手藝貪狼陷地作屠人武曲巳亥官守命加殺者手藝安身貪狼巳亥加殺妖壽

天祿朝垣身榮貴顯如甲生人立命寅宮甲祿到寅守命亦作祿朝垣格又如庚祿居申乙祿居卯辛祿居酉此四位祿存守命宮俱在巳亥子午四宮不爲祿朝垣格也

魁星臨命位列三台如午宮安命紫微守坐遇文昌魁鉞同宮丙生人奇格

武曲居乾戌亥上最怕太陰逢貪狼武曲在戌亥守命三方見太陰貪狼化忌加殺不爲美地定主少年不利或有貪火沖破主貴者甲巳壬生人合格

化祿還爲好休向墓中藏如武曲太陰貪狼化祿守照命宮更加吉曜亦富貴但長丑未四宮雖化吉無用

子午巨門石中隱玉子午二宮安身命值巨門坐守更得寅戌申辰科祿合照富貴必矣

明祿暗祿錦上添花如甲生人立命亥宮得化祿坐守又得寅祿來貪拱寅與亥合之謂也與前科明祿暗祿格同斷

紫微辰戌遇破軍富而不貴有虛名辰戌二宮安命遇紫微破軍實爲陷地必不貴也縱使發財亦無實受

昌曲破軍逢刑尅多勞碌如卯酉辰戌破軍守命雖得文昌文曲亦非全吉若加殺化忌更不足貴

貪武墓中居三十纔發福如辰戌丑未四墓宮得二星守命定主少年不利加殺忌妖藏云貪武不

不發少年入運過三十方延壽

天同戌宮爲反背 丁人化吉主大貴 蓋天同在戌宮本陷如遇丁生人則午宮祿存化祿更得寅辰化吉冲照拱定主大貴天相亦然加殺僧道下局

巨門辰戌爲陷地 辛人化吉祿崢嶸 辰戌巨門坐命本爲陷地如辛生人則巨門化祿在辰則酉祿暗合在戌則酉祿夾命必主富貴加殺非也

機梁酉上化吉者 縱遇財官也不榮 酉宮安機梁實爲陷地雖逢化吉無力巨門同亦然

日月最嫌反背乃爲失輝 太陽在申酉戌亥子太陰在寅卯辰巳午則日月無輝何貴之有然有日月反背而多富貴者要看本宮三合有吉化拱照不加殺是也故玉蟾先生嘗曰數中議論最精微斷法在人活變奇

身命定要精求恐差分數 欲安身命先辨時辰真則命無不應身命既定之後即看本宮生旺死絕

何如然後依星推斷

陰隲延年增百福 至於陷地不遭傷 身命星弱及行弱限反得福壽此必心好陰隲所致余嘗驗之舍親李逢春隨一兄任湖廣遇一術師相他壽促可速歸之及至中途風阻見一貧者周之錢米其人感德將報女陪奉逢春固辭而回後無一恙後之見任相師見之笑曰先生陰隲相現矣然當居台閣再三問之春不對及後徐探方知其故今果遊泮此其驗也

命實運堅槁田得雨 命衰限弱嫩草遭霜 如命坐陷地都有四面吉拱亦爲福論又如命生陷地運逢惡殺必主災殃若夫命實運堅其禍不必言矣

論命必推星善惡 巨破擎羊性必剛 此三星守命若居陷地不但性剛已也定主居吉是非加殺僞終破敗

府相同梁性必好失刼空貪性不常府相同梁皆南斗純陽中中之星身命值之必得中和之性若貪狼遇火因當富貴但空刼臨之則依此斷

昌曲祿機清秀巧陰陽左右最慈祥昌曲祿機守命不加四殺主人磊落英華聰明秀麗亦當富貴如陰陽左右坐命不加殺主人清奇敦厚度量寬洪富貴之論

武破貞貪沖合曲全固貴羊陀七殺相雜互見則傷身命三合遇武破廉貪守照更得化吉富貴必矣要知紫微能降七殺威權能使羊陀相善故紫微同居命宮固在冲合亦可但七殺羊鈴終非吉兆之曜到老亦不得善終也

貪狼廉貞破軍惡七殺擎羊陀羅凶身命三合有六星守照更兼化忌不見吉定主淫邪破敗裘傷刑尅如入廟化吉亦與前同看

火星鈴星專作禍刼空傷使禍重重大小二限值此凶星定主災悔多端如身命逢之加吉火鈴無害刼空不宜

巨門忌星皆不吉運身命限忌相逢火忌星乃多管之神十二宮身命二限逢之皆主不吉况巨門本非吉曜若陷地化此何吉之有

更兼太歲官符至官非口舌決不空夫太歲官符本為興訟之神况巨門乃是非之曜又兼化忌臨之其宮非口舌必不能免

吊客喪門又相遇官教災病兩相攻夫吊客喪門本主刑孝但不逢七殺刑刃猶或可免若災病則必有也况忌星最能生疾

七殺守身終是夭貪狼入命必為娼七殺守身命陷地加凶依此斷如貪狼守命陷

不加殺或在三合照臨亦主淫佚如殺臨陷地則男主飄蕩女主淫亂擬云貪狼三合相臨照也學者若去前看

心好命微亦主壽心毒命固亦妖亡上句即前陰隲論之說下句與上句反看便見譬如諸葛孔明用智燒藤甲軍乃減數年之壽是也

今人命有千金貴運去之時豈久長數內包藏多少理學者須當仔細詳

女命骨髓賦註解

府相之星女命纏必當子貴與夫賢午宮安命二星坐守甲生人合格子宮安命二星坐守巳生人合格申宮安命二星坐守庚生人合格必作命婦榮膺封誥是也

廉貞清白能相守此星未宮坐命甲生人合格申宮坐命癸生人合格寅宮坐命巳生人合格俱爲上格看

更有天同理亦然此星寅宮坐命甲生人合格卯宮坐命乙生生合格戌宮坐命丁生人合格巳宮坐命丙戊生人合格亥宮坐命丙辛生人合格■主富貴

端正紫微太陽星早遇賢夫性可憑子巳亥三宮安命二星坐守主富貴

太陽寅到午遇吉終是福太陽午宮安命定主富貴陷地平常

左輔天魁爲福壽右弼天相福相臨四星諸宮得地如身命値此坐守定主福壽榮昌

祿存厚重多衣食府相朝垣命必榮祿存諸宮守命並吉紫府武相三合守照不貴即富惟寅在申申在寅爲朝垣之格甲庚生人上局若辛生人次之如丙戊丁巳壬癸生人遇巳亥子午安命不吉

紫府巳亥相互輔左右扶持福必生巳亥二宮安命遇紫府左右守照冲夾更兼化吉星主富貴必矣

巨門天機爲破蕩寅卯申宮安命巨機逢之雖爲旺地然終福不全美

天梁月曜女命貧巳亥安命天梁值之寅辰安命太陽値之縱使貞正衣祿不遂假如陷地則主下賤

擎羊火星爲下賤此二星守命旺宮猶可但刑剋不免耳如居陷地加殺主下賤不然則夭

文昌文曲福不全此二星宜男不宜女

武曲之宿爲寡宿此星宜男不宜女如值太陰得令三方吉拱可爲女將如陷地遇昌曲加殺則主孤貧

破軍一曜性難明此孤獨淫泆之星女人不宜加四殺必因奸謀夫因妒害子不然則爲下婢婚姻可也

貪狼內狼多淫泆此名爲桃花乃好色之星不容亥卯心有嬌妒因奸謀夫害子縱不至此之甚淫泆最驗

七殺沉吟福不榮此將相之星若居廟旺主爲女將訣云機月寅申女命逢惡殺加之淫巧容便有吾化忝不美偏房侍奉主人翁

十干化祿最榮昌女命逢之大吉昌更得祿存相湊合旺夫益子受恩光如命坐化祿又得祿存冲合或迎逢或同宮皆主命婦之貴不然亦主大富必生貴子

火鈴羊陀及巨門天空地劫又相臨貪狼七殺廉貞宿武曲加臨剋害侵大低此數星女命不宜逢如內逢一二亦主淫賤若併見之其下賤貧夭必矣

三方四正嫌逢殺更在夫宮禍患深若值本宮無正曜必主生離剋害眞此論前數星之中惟七殺二方四正身命夫宮俱不宜見見之者要依此斷方可驗也

已前論賦俱係看命要訣學者宜熟玩之乃得原委也

太微賦註解

祿逢冲破吉處藏凶假如身命宮逢祿存或三合有祿切彼忌刑逢冲破反爲凶兆如限步到於祿位因星

同聚亦以為凶也

馬遇空亡終身奔走假如甲生人止截路空亡在申傍空在酉若安命在申主人終身奔走宜僧道

生逢敗地發也虛花假如水土生人安命在巳為絕地切得金生在巳生水不絕為母來救子之理凡寅申巳亥為四絕又為四生

星臨廟旺再觀生尅之機命坐強宮細察制化之理假如水土生人墓庫在辰若與財帛同度為財庫寅宮祿同為官庫與祿存同為天庫托殺同為空庫遷移同為劫庫凡辰戌丑未為四墓庫此亦偏納音而論

日月最嫌反背假如日在戌酉亥子丑月在卯辰巳午未皆為反背仍看上弦下弦月在上弦望日吉下弦晦日凶若日月同垣便看人生時日喜太陽月喜太陰方可論禍福

祿馬最喜交馳假如申祿在寅而申子辰馬亦在寅遇此得地謂之祿馬交馳

空亡定要得用天空最為緊要假如身命宮惟金空則鳴火空則發二限逢之反為福論若水空則泛木空則折土空則陷為禍矣

若逢敗地專看扶持之曜大有奇功假如命在敗絕地又祿存化祿扶持反羊

紫微天府全依輔弼之功假如命遇紫府又得輔弼守照終身富貴

七殺破軍專依羊鈴之虐假如身命遇七殺破軍又會羊鈴守照有制方可

諸星吉逢凶也吉諸星凶逢吉也凶假如三方身命但吉多凶少則凶多吉少則凶仍看吉凶星得垣失陷與夫生尅制化以定禍福

輔弼夾帝為上品桃花犯主為至淫假如身命紫微與貪狼同垣男女邪淫奸詐巧計流

假若得輔弼夾帝貴亦受制則不拘此論

君臣慶會才善經邦 假如紫微守命得天相昌曲天府得天同天梁相助紫微得夾為君臣慶會逢之無不富貴但有金星與刑忌四星同度謂之奴欺主臣敵君反為禍亂須要推詳如安祿山之命是也

魁鉞同行位居台輔祿文拱命貴而且富 假如魁鉞守身命兼得權祿昌曲吉曜來拱無不富貴但有刑忌相沖則平常只宜僧道

馬頭帶箭鎮禦邊疆 假如午宮安命遇有天同貪狼擎羊丙戊人逢之化吉雖以羊刃在命以為美論富貴皆可許也只不耐久

刑囚夾印刑杖惟司 假如身命有天相卻被羊貞夾之主人招官非受刑杖終身不能發達只宜僧道

善蔭朝綱仁慈之長 假如機梁二星守身命在辰戌宮兼化吉相助以為富貴加刑忌耗殺僧道宜之

貴入貴鄉逢者獲祿 假如身命遇有貴人又業吉曜權祿來助逢之無富貴限遇之亦必主發福

財居財位遇者富奢 假如紫微天府武曲居於財帛之宮又兼化權祿及祿存必主富奢二限若逢大主發積

太陽居午謂之日麗中天有專權之貴敵國之富 假如身命坐於午宮遇有太陽庚辛生人日生時者富貴全美女人逢之旺夫益子封贈夫人

太陰居子號曰水澄桂萼得清要之職忠諫之材 假於身命坐於子宮遇有太陰丙丁生人夜生時者富貴全美心無私曲有忠諫之材

紫微輔弼同宮一呼百諾 假如紫微守於身命有左右同宮來扶持富貴以為終身全美之論

文耗居寅卯眾水朝東 假如身命居寅卯遇昌曲破軍卻殺沖破一生驚駭限步到此須逢吉有刑

平遇凶亦不吉終身辛苦費心勞力

日月守不如照合蔭福聚不怕凶危 假如日月守身命雖會吉曜不爲全美如逢凶星定有凶災如是三合於命兼化吉以爲美○蔭福即天梁大同如在身命逢吉不怕凶災便有刑忌不論也

貪居亥子名爲泛水桃花 假如身命坐於亥子遇貪狼逢吉曜以吉論如遇刑忌男浪蕩女淫娼

刑遇貪狼號曰風流綵杖 假如貪狼羊刃同垣身命於寅宮爲人聰明更主風流若遇閑宮則平矣

余詳之非也寅宮無擎羊到位只有陀羅所値後學要明此論

七殺廉貞同位路上埋屍破軍暗曜同鄉水中作塚 假如身命値此二星

守之加化忌耗殺方可依此斷或在遷移宮亦然暗曜指巨門亦同上斷

祿居奴僕縱有官也奔馳 假如身命宮星平奴僕宮又得祿存及化權祿吉曜以爲美論只是勞碌

紫微十數 卷之二 五二

帝遇凶徒雖獲吉而無道 假如紫微守身命遇有權祿刑忌同位雖吉無凶只是爲人心術不正

帝坐命庫則曰金轝扶御鑾臨官同文曜號爲衣錦惹天香 假如紫微守命宮命前有吉曜者來呼號是也必掌大權之職臨官同文昌曲于福德宮亦然

太陽會文昌於官祿皇殿首班之貴 假如太陽會文昌於官祿逢吉曜富貴必作宰相

太陰同文曲於妻宮蟾宮折桂文章全盛 假如太陰文曲同於妻宮又兼吉曜來扶限步又逢至此男子蟾宮折桂女子招貴受封贈

祿存守於田財則堆金積玉 假如祿存星守于田財二宮主大富

財蔭坐於遷移必巨商高賈 財即武曲蔭即天梁此一星或一化權祿與吉星坐遷移宮必作巨商高賈若加刑忌殺湊平常

殺居絕地天年夭似顏回（假如命坐寅申巳亥逢七殺加刑忌又值某星所絕縱有吉曜合照限臨則凶矣）

耗居祿位沿途乞食（假如耗星守官祿宮又逢刑忌及寅午戌生人命坐午宮巳酉丑生人命坐酉宮亥卯未生人命坐卯宮申子辰生人命坐子宮是）

貪會旺宮終身鼠竊（假如耗星會貪狼守身命官祿之位主為人貪窮終身為竊盜之人）

忌暗同居命宮疾厄困弱尪羸（假如身命宮疾厄言逢巨門擎羊陀羅為人貧困孰弱殘疾祖業波蕩奔波勞碌之人也）

刑殺會廉貞於官祿枷杻同流（假如刑殺廉貞守官祿之宮流年二限到此不為禍患定遭刑）

官府夾刑殺於遷移離鄉遭配（假如流正官府與當生官府夾刑殺於遷移之宮太歲小限若到此必遭刑貶配離禍之論）

論對面朝斗格子午宮逢祿存是也

詩曰

祿存對面在遷移　子午逢之利祿宜

德合穹壤人敬重　雙全富貴福稀奇

論科權祿主格

詩曰

祿權周勃命中逢　入相王朝贊聖功

迎合權星兼吉曜　魏魏富貴列三公

論左右朝垣格

詩

天星左右最高明　若在三方祿位興

曰　武職高登應顯佐　文人名譽列公卿

論兼文武格文曲武曲在身命是也

詩　格名文武少人知　遇此須教百事通
曰　更値命宮無殺破　滔滔榮顯是英雄

論文星朝命格

詩　文昌文曲最榮華　値此須生富貴家
曰　更得三方祥曜拱　却如錦上又添花

論石中隱玉格命在子午逢巨門是也

詩　巨門子午二宮逢　身命逢之必貴榮
曰　更得三方科祿拱　石中隱玉是豐隆

論貪狼遇火名爲火貴格三合照身命是也

詩　火遇貪狼照命宮　封侯食祿是英雄
曰　三方倘若無凶殺　到老應知福壽隆

論人有無商賈之命如人命有巨日紫府守照爲人安分有仁德耿直之心作事無私不行邪僻不肯妄求爲士爲官主有廉潔如値月貪同殺忌心多機關貪財無厭暮夜求利之輩

詩　貪月同殺會機梁　因財計利作經商
曰　須知暮夜無眠睡　潮海營營自走忙

又　經商紫府遇擎羊　武曲遷移利市場
曰　殺破廉貞同左右　羊鈴火宿遠傳揚

論人命有無術藝者寅申巳亥安命或辰戌丑未遇有貪狼武曲在命化忌加殺必作細巧藝術之人也

詩　閑官貪狼何生業　不是屠人須打鐵
曰　諸般巧藝更能精　性好遊畋并捕獵
又　破武未宮多巧藝　巳亥安命正相宜
曰　破軍廉貞居卯酉　細巧之人定藝存
又　天機天相命身中　帝令財星入奏宮
曰　天府若居遷動位　平生定是作巧工

論出家僧道之命紫微居卯酉遇劫空者看命無正星又兼羊火劫空化忌者更看父母妻子三宮有殺者方可斷及寅午申月巳日亥時四正殺湊化忌男僧道女尼姑

詩　極居卯酉遇劫空　十人之命九為僧
曰　道釋岩泉皆有分　清閑幽靜度平生
又　命坐空鄉定出家　文星相會貫堪誇
曰　若還文曲臨身命　受蔭清閑福可嘉
又　天機七殺破梁同　羽客僧流命所逢

曰　更若太陽兼帝座　伶仃孤剋命方終

論人命內犯孤剋者如剋妻剋子剋父母內犯一二不爲僧道亦作貧賤之人第一看父母在廟旺地有無吉凶星辰如在陷加殺化忌必主刑剋第二又看妻妾宮三看子女宮廟陷之地有無吉凶星辰如在陷加殺化忌必鰥寡孤獨論斷

論壽夭淫蕩

詩　貪狼入廟最高強　南極天同壽命長
曰　北斗帝星無惡殺　綿綿老耋衍禎祥
又　七殺臨身終是夭　貪狼入廟定爲娼

曰　若示三合相臨照　也學韓君去竊香
又　身命兩宮俱有殺　貪花戀酒禍猶深
曰　平生二限來衝會　得意之中卻又沉

論定人殘疾先看命宮星落陷加羊陀火鈴劫空忌宿又看疾厄宮星廟陷吉凶而斷可也

詩　命中羊陀殺守身　火鈴坐照福非輕
曰　平生若不常年臥　也作陀腰曲背人

論定人破相

詩　相貌之中逢殺曜　更加三合又逢刑

曰　疾厄擎羊冲耗使　折傷肢體不和平

論定人聰明

詩　文曲天相破軍星　計策偏多性更靈

曰　更若三方昌曲會　一生巧藝有聲名

論定人富足

詩　太陰入廟有光輝　財入財鄉分外奇

曰　破耗凶星皆不犯　堆金積玉富豪兒

論定人貧賤

詩　命中吉曜不來臨　火忌羊陀四正侵

曰　武曲廉貞巨破會　一生暴怒又身貧

論定人作盜賊

詩　命逢破耗與貪貞　七殺三方照及身

曰　武曲更居遷動位　一生面背刺痕新

論定人一生駁雜

詩　吉曜相扶凶曜臨　百般巧藝不通亨

曰　若逢身命逢惡曜　只做屠牛宰馬人

○定富貴貧賤十等論

福壽論　如南人天同天梁坐命廟旺主福壽雙全如北人紫

微武曲破軍貪狼坐命旺廟主壽
聰明論　如文昌文曲天相天府武曲破軍三台八座左輔右弼三合拱照主人極聰明
威勇論　如武曲文昌擎羊七殺坐命宮得權祿三方又得紫微天府左右拱照主人威勇
文職論　如文昌文曲左輔右弼天魁天鉞坐命旺宮又得三方四正科權祿拱主為文官
武職論　如武曲七殺坐命廟旺宮又得三台八座加化權祿及天魁天鉞並拱主為武職

刑名論　如擎羊陀羅火鈴星武曲破軍帶殺上吉湊合三方四正無凶不陷主刑名
富貴論　如紫微天府天相祿權科太陰太陽文昌文曲左輔右弼天魁天鉞守照拱沖主大富貴
貧賤論　如擎羊陀羅廉貞七殺武曲破軍天空地劫忌星三方四正守照拱沖諸凶併犯陷地主貧賤
殘夭論　如貪狼廉貞擎羊陀羅天空地劫火鈴忌星三方守照主疾夭或疾厄相貌宮亦然
僧道論　如天機天梁七殺破軍天空地劫併犯帝座紫微又

或耗殺加臨主為僧道

○十二宮諸星得地合格訣

子安命　子宮貪狼殺陰星　機梁相拱福興隆
庚辛乙癸生人美　一生富貴足盈豐

丑安命　丑宮立命日月朝　丙戊生人福祿饒
正坐平常中局論　對照富貴禍皆消

寅安命　寅宮巨日足豐隆　七殺天梁百事通
甲巳庚人皆為吉　男子為官女受封

卯安命　卯宮機巨武曲逢　辛乙生人福氣隆

男子為官廪廪祿　女人享福受褒封

辰安命　辰位機梁坐命宮　天府戌地最豐盈
腰金衣紫真榮顯　富華貴耀直到終

巳安命　巳位天機天相臨　紫府朝垣福更深
戊辛壬丙皆為貴　一生順遂少災侵

午安命　午宮紫府太陽同　機梁破殺喜相逢
甲丁巳癸生人福　一世風光廪祿豐

未安命　未宮紫武廉貞同　日月巨門喜相逢
女人值此全福壽　男子逢之位三公

申安命

申宮紫帝貞梁同　武曲巨門喜相逢
甲庚癸人如得喜　一生富貴逞英雄

酉安命

酉宮最喜太陰逢　巨日又逢當面冲
辛乙生人為貴格　一生福祿永亨通

戌安命

戌宮紫微對冲辰　富而不貴有虛名
更加吉曜多權祿　只利開張貿易人

亥安命

亥宮最喜太陰逢　若人值此福祿隆
男女逢之皆稱意　富貴榮華直到終

○十二宮諸星失陷破格訣

子丑安命

子午天機丑巨鈴　此星落陷果為真
縱然化吉不為美　任他富貴不清寧

寅安命

寅上機昌曲月逢　雖然吉拱不豐隆
男為伴僕女娼婢　若非夭折即貧窮

卯辰安命

卯上太陰擎羊逢　辰宮巨宿紫微同
縱然化吉非全美　若非加殺到頭凶

巳安命

巳宮武月天梁巨　貪宿廉貞共到蛇
三方吉曜皆不貴　下賤貧窮度歲華

午安命

午宮貪巨月昌從　羊刃三合最嫌冲

未安命　雖然化吉居仕路　橫破橫成到老窮
木宮巨宿太陽嫌　縱少災危有剋傷
勞碌奔波官事至　隨緣守賤度時光
申酉安命　中宮機巨爲破格　男人浪蕩女人貧
二宮若然桃花見　男女逢之總不榮
戌安命　戌上紫破若相逢　天同太陽皆主凶
男女孤寒更夭折　隨緣勤苦免貧窮
亥安命　亥宮貪火天梁同　飄蕩浪子走西東
君遠富貴也年促　不然隸僕與貧窮

〇十二宮諸星得地富貴論

子宮得地太陰星殺破昌貪文曲明丑未紫破朝日月未貞殺丑福非輕寅宮最喜逢陽巨七殺天同梁文清卯上巨機爲貴格武曲守卯福豐盈辰戌機梁兼小補戌宮天府累千金巳亥天機天相貴午宮紫府梁俱榮申宮貞巨陰殺美酉戌亥上太陰停卯辰巳午陽正照紫府巨宿巳亥興亥宮天府天梁吉子宮機宿亦中平七殺子午逢左右文曲加之格最清廉坐申宮逢輔弼更兼化吉福尤興武昌巳亥逢六甲帥邊庭貪狼居卯酉遇火作公卿天機坐卯

貴寅月六丁榮巨卯逢左右六乙立邊庭巨坐寅申位偏宮

甲庚生二宮逢七殺左右會昌星辰戌遇三宿必主位公卿

○十二宮諸星失陷貧賤論

丑未巨機爲值福失陷此月福須輕卯酉不喜逢羊刃辰戌紫破朝羅網辰休戌因貪貞陷午宮陰巨不堪稱申宮合武爲下格酉逢機巨日無精卯辰巳午逢陰宿戌亥逢陽亦不榮貪殺巳亥居陷地破軍卯酉不爲清加殺遇劫爲奸盜此是刑邪不必論貪狼化祿居四墓縱然遇吉亦中平命纏弱也休逢忌空刼擎羊加火鈴若非夭折主下賤六畜之命不可祥旺地發福終遠大陷地崢嶸到底傾二論不過五百字富貴賤別得明

○定富局

財蔭夾印 相守命武梁來夾是也田宅宮亦然

財祿夾馬 馬守命武祿來夾是也逢生旺尤妙

日月照壁 日月臨田宅宮是也喜居墓庫

日月夾財 武守命日月來夾是也財帛宮亦然

蔭印拱身 身臨田宅梁相拱沖是也忽生空亡

金燦光輝 太陽單守命在午宮是也

○定貴局

日月夾命 不坐空亡更遇本宮有吉星是也

月落亥宮 月在亥守命是也又名月朗天門

日出扶桑 日在卯守命是也官祿宮亦然

月生滄海 月在子宮守田宅是也

輔弼拱主 紫微守命二星來拱是也夾之亦然

君臣慶會 紫微左右同守命是也更會相武陰妙

財印夾祿 祿守命梁相來夾是也入財官亦然

祿馬佩印 馬前有[illegible]是同宮迭也

坐貴向貴 謂魁鉞在命迭相生拱是也

馬頭帶劍 謂馬有刃是也不是諸非格

七殺朝斗 見前註解

日月並明 見前註解

明珠出海 見前註解

日月同臨 見前註解

刑囚夾印 天刑廉貞同臨身命主武勇之人

科權祿拱 見前註解

貪火相逢 謂二星守命同居廟旺是也

武曲守垣 武守命卯宮是也餘不是

府相朝垣 見前註解

紫府朝垣 見前註解

文星暗拱 見前註解

權祿生逢 二星守命廟旺是也陷不是

擎羊入廟 辰戌丑未守命遇吉是也

巨機居卯 見前註解

明祿暗祿 見前註解

科明祿暗 見前註解

金輿扶駕 紫微守命前後有日月來夾是也

○定貧賤局

生不逢時 命坐空亡逢廉貞是也

祿逢兩殺 祿坐空亡又逢空劫殺星是也

馬落空亡 馬既落亡雖祿沖會無用主奔波

日月藏輝 日月反背又逢巨暗是也

財與囚仇 武貞同守身命是也

一生孤貧 謂破守命居陷地是也

君子在野 謂四殺守身命而吉臨陷地是也

兩重華蓋 謂祿存化祿坐命遇空劫是也

○定雜局

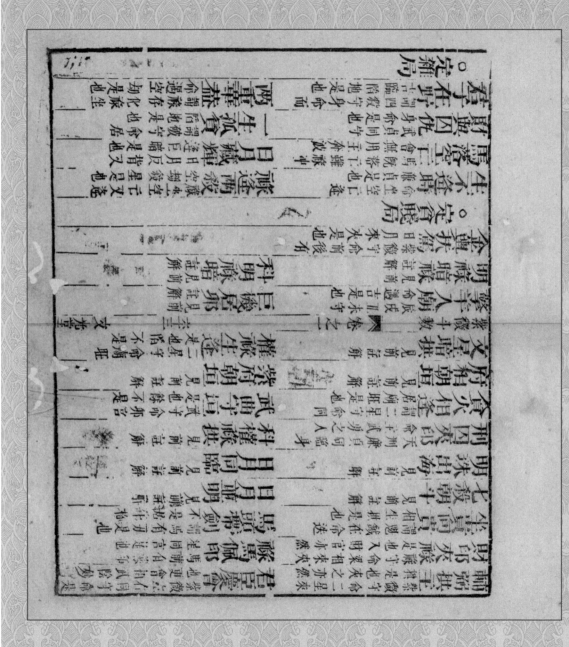

風雲際會 逢祿馬是也 身命雖弱二限

祿衰馬困 馬空亡是也 限逢七殺是也

步數無依 羈不分是也 前限陵後限連

吉凶相伴 發限衰不發是也 命有正星限吉則

錦上添花 行吉地是也 謂限破惡星而

衣錦還鄉 後行墓運是也 少年不遂四十

水上偶星 不好是也 一年好一年

枯木逢春 好是也 謂命衰限

新鍥希夷陳先生紫微斗數全書卷之二

○安身命例 要知與五星大不同

太抵人命俱從寅上起正月順數至本生月止又自人生月上起子時逆至本生時安命順至本生時安身假如正月生子時就在寅宮安命身丑時逆轉丑安命順去卯安身寅時逆轉子安命順至辰安身餘宮倣此又若閏正月生者要在二月內起安身命凡有閏月俱要依此為例納音甲子歌務要熟讀就如甲生人安命在寅却起甲巳之年丙寅首是丙寅丁卯爐中火就去火局尋某日生期起紫微帝三如是正月初一日生者是火局酉宮有初一日就從酉宮起紫微無差悮若錯了則差之毫釐失之千里矣

○安十二宮例 男女俱從逆轉切記莫順去

一命宮 二兄弟 三妻妾 四子女 五財帛 六疾厄
七遷移 八奴僕 九官祿 十田宅 十一福德 十二父母

○起五寅例

甲巳之歲起丙寅 乙庚之歲起戊寅 丙辛之歲起庚寅
丁壬之歲起壬寅 戊癸之歲起甲寅

○六十花甲子納音歌

甲子乙丑海中金　丙寅丁卯爐中火　戊辰己巳大林木
庚午辛未路傍土　壬申癸酉劍鋒金　甲戌乙亥山頭火
丙子丁丑澗下水　戊寅己卯城頭土　庚辰辛巳白蠟金
壬午癸未楊柳木　甲申乙酉泉中水　丙戌丁亥屋上土
戊子己丑霹靂火　庚寅辛卯松柏木　壬辰癸巳長流水
甲午乙未沙中金　丙申丁酉山下火　戊戌己亥平地木
庚子辛丑壁上土　壬寅癸卯金泊金　甲辰乙巳覆燈火
丙午丁未天河水　戊申己酉大驛土　庚戌辛亥釵釧金
壬子癸丑桑柘木　甲寅乙卯大溪水　丙辰丁巳沙中土

戊午己未天上火　庚申辛酉石榴木　壬戌癸亥大海水

○安南北斗諸星訣

紫微天機逆行傍　隔一陽武天同當　又隔二位廉貞地
空三復見紫微郎　天府太陰與貪狼　巨門天相及天梁
七殺空三破軍位　八星順數細推詳

○安文昌文曲星訣論本生時

子時戌上起文昌　逆到生時是貴鄉　文曲數從辰上起
順到生時是本鄉　○文昌星從戌上起子時如人生子時就在戌宮安若丑時逆至酉宮安之○文曲星從辰上起子時若

人生子時就在辰宮安若丑時順去巳宮安之餘宮倣此

○安左輔右弼星訣論本生月

左輔正月起於辰　順逢生月是貴方　右弼正月宮尋戌

逆至生月便調停○左輔從辰上起正月順行如正月生者就辰宮安之二月在巳宮○右弼從戌宮逆轉如正月就戌宮安之二月在酉宮餘倣此

○安天魁天鉞訣論本生年干

甲戊庚牛羊　乙己鼠猴鄉　六辛逢馬虎　壬癸兎蛇藏

丙丁猪雞位　此是貴人方二星主科甲身命若逢之金榜題名之客

○安天馬星訣論本生年支

寅午戌八馬居申　申子辰八馬居寅　巳酉丑八馬在亥

亥卯未八馬在巳○如安命在辰戌丑未遇夫妻宮在寅申巳亥有天馬若得同位或三方照臨必主男爲官女封贈不然祿馬交馳亦吉

○安祿存星訣論本生年干

甲生祿存在寅宮　乙生在卯丙戊巳　丁己祿存停午方

庚祿居申辛祿酉　壬祿在亥癸祿子

○安擎羊陀羅二星訣

祿前擎羊後陀羅　來限逢凶禍患多　歲限逢之俱不利
人生遇此莫蹉跎　○此二星隨祿存安之祿前安擎羊祿後安
陀羅假如癸祿在子　丑宮安擎羊亥宮安陀羅餘倣此

○安火鈴二星訣

寅午戌人丑卯方　申子辰人寅戌揚　巳酉丑人卯戌位
亥卯未人酉戌房

○安祿權科忌四星變化訣論生年干挾火而化

甲廉破武陽為伴　乙機梁紫月交侵　丙同機昌廉貞位
丁月同機巨門尋　戊貪月弼機為主　巳武貪梁曲最平

庚日武同陰為首　辛巨陽曲昌至臨　壬梁紫府武宿是
癸破巨陰貪狠停如甲生人廉貞化祿破軍化權武曲化科太陽化忌是也餘倣此

○天空地刼訣論本生時

亥上起子順安刼　逆迴便是天空鄉如子時生者刼空俱在亥宮若丑時生者刼順在子宮空逆在戌宮若午時生者刼空俱在巳上安之餘倣此

○安天傷天使訣

命前六位是天傷　命後六位天使當順數命前六位是天傷命後六宮是天使天傷安在奴僕宮天使安在疾厄宮身與歲限夾在傷使中間謂之奴夾地更加惡曜多凶

○安十二宮太歲殺祿神歌訣

博士力士青龍續　小耗將軍及奏書　飛廉喜神病符繼
大耗伏兵至官府（輪陰男陽女逆流行）　吉凶從此分禍福（要知不拘男女命尋祿存星起陽男陰女順推）
博士聰明力士權　青龍喜氣小耗錢　將軍威武奏書福
蜚廉主孤喜神延　病符帶疾耗退祖　伏兵官府口舌纏
生年坐守十二殺　力敢斷人禍福源

○安天刑天姚星訣

天刑星從酉上起正月順至本生月安之○天姚從丑上起正月順至本生月安之

○安三台八座二星訣

三台尋左輔將初一日加在左輔宮順數至本生日安之八座尋右弼將初一日加在右弼宮逆數至本生日安之是也

○安天哭天虛星訣（論本生年支）

天哭天虛起午宮　午宮起子兩分蹤　哭逆巳兮虛順未
數到生年便居中

○安龍池鳳閣訣（論本生年支）

龍池子順辰　鳳閣子戌逆

○安台輔訣

從午宮起子順數至本生時安之

○安封誥訣

從寅宮起子順數至本生時安之

○安長生沐浴冠帶臨官帝旺衰病死墓絕胎養 男命順數 女命逆數

火局命寅起長生　木局命亥起長生　土局命申起長生

金局命巳起長生　水局命申起長生

○安紅鸞天喜訣

卯上起子逆數之數　數到當生太歲支　坐守此宮紅鸞位

對宮天喜不差移　年少婚姻喜事奇　老人必主喪其妻

三十年前為吉曜　五十年後不相宜

○安喪門白虎吊客官府四飛星訣

流年太歲前二位是喪門後二位是吊客喪門對照安白虎吊客對照安官府○歲君前二是喪門　後二宮中吊客存

對照喪門安白虎　吊客對照安官府

○安斗君訣 即月將星是也

於流年太歲宮起正月逆至本生月又從本生月起子順數至本生時安斗君○太歲宮中便起正　逆尋生月即留停

又從生月宮輪子　順到生時鎮斗星

○安天德月德解神訣

天德星從酉上起子順數至流年太歲上是也

月德星從巳上起子順數至流年太歲上是也

解神從戌上起子逆數至當生年太歲上是也

○安飛天三殺訣（即奏書將軍直符）

寅午戌年飛入亥卯未宮　申子辰年飛入巳酉丑宮

亥卯未年飛入申子辰宮　巳酉丑年飛入寅午戌宮

奏書口舌禍來侵　將軍飛入悔心驚　直符官災終不免

此是流年三殺星

○安截路空亡訣（論本生年）

甲己申酉宮　乙庚午未宮　丙辛辰巳宮　戊癸子丑宮

丁壬寅卯宮

○安旬中空亡訣（論本生年）

甲子旬中空戌亥　甲戌旬中空申酉　甲申旬中空午未

甲午旬中空辰巳　甲辰旬中空寅卯　甲寅旬中空子丑

○安大限訣

陽男陰女從命前一宮起（是父母宮）　陰男陽女從命後一宮起（是兄弟宮）

○安小限訣（不論陰陽男俱順數，不論陰陽女俱逆數）

寅午戌人起辰宮　申子辰人起戌宮　巳酉丑人起未宮
亥卯未人起丑宮
○安童限訣
一命二財三疾厄　四妻五福六官祿　餘年一派順流行
十五命宮看端的
○安命主
貪狼子宮　巨門亥丑二宮　祿存寅戌宮　文曲卯酉宮
破軍午宮　廉貞申辰宮　武曲未巳宮　假如午宮安命尋破軍星在何宮卯命主星也子宮安命尋貪狼星即命主也
○左輔臨丑至午右弼臨亥至午

○安身主
子午人火鈴星　丑未人天相星　寅申人天梁星
辰戌人文昌星　巳亥人天機主　卯酉人天同星
○論安命金鎖鐵蛇關
當從戌上起子年　順數行年月逆推　日又順數時逆轉
小兒壽夭可先知　此法從戌上起年順行至本生年年上起月逆數至本生月月上起日日上起時逆至本生時遇丑未宮病有赦辰戌宮死
○定男女竹蘿三限
法曰同前帝星局例只是逆行以上此二數逆排定只把三方

四正七殺破軍俱作竹蘿三限若再加巨暗凶星便作三方四正定議若大小二限相遇作死限斷

○定十二宮弱強

男命財帛官祿福德遷移田宅為強官子女奴僕兄弟父母為弱宮

女命夫君子息財帛田宅福德為強餘宮皆弱

○定十二宮星辰落閑宮

紫微在子辰亥為閑宮　貪狼在寅申為閑宮　天相在辰戌為閑宮　七殺在辰亥為閑宮　天梁在巳酉為閑宮　天機在巳為閑宮　破軍在巳申為閑宮　武曲在申為閑宮

○安流祿流羊流陀訣

論流年大歲假如己丑流年流祿在午流羊在未流陀在巳如甲子生人安命在巳小限又行在亥或七殺坐小限擎羊又在卯宮却是三方四正俱見擎羊流羊流陀又七殺重逢必遭毒禍此乃余累試之驗訣也

○論星辰生尅制化

星曜全要明生尅制化之機次看落於何宮如廉貞屬火在寅宮乃木鄉能生廉貞之火若武曲金星與廉貞同度則武曲為財而無用也餘倣此

金入火鄉　火入水鄉　水入土鄉　土入木鄉俱為受制

○論諸星分屬南北斗化吉凶并分屬五行

紫微屬土中天星南北斗化帝座爲官祿主

天機屬木南斗化善爲兄弟主

祿存屬土北斗司爵貴壽星

太陽屬火南北斗化貴爲官祿主

天同屬水金南斗化福爲福德主

廉貞屬火北斗化殺囚在官祿爲官祿主在身命爲次桃花

武曲屬金北斗化財爲財帛主

天府屬土南斗化令星爲財帛田宅主

太陰屬水南北斗化富爲財帛田宅主

貪狼屬水木北斗化桃花殺主禍福

巨門屬水北斗化暗主是非

天相屬水南斗化印爲官祿主

天梁屬土南斗化蔭主壽星

七殺屬火金南斗將星遇帝爲權

破軍屬水北斗化耗司夫妻子女奴僕

文昌屬金南北斗司科甲乃文魁之首

文曲屬水北斗主科甲星

輔弼二星屬土南北斗善佐帝令星

以上自紫微至輔弼一十八星俱南北斗正曜魁鉞天馬亦
是吉星俱不入正曜
魁鉞二星屬火　天馬屬火
擎羊屬金北斗浮星化刑
陀羅屬金北斗助星化忌
火星屬火南斗助星　鈴星屬火南斗助星
天空地劫屬火　天傷天使屬水
化祿屬土主見祿存　化權屬木主會巨門武曲
化權屬水主會魁鉞　化忌屬水即計都星

紅鸞天喜屬水　歲君屬火
博士屬水主聰明　力士屬火主權勢
青龍屬水主喜氣　小大耗屬火小耗錢財大耗退祖
將軍屬木主威猛欠和
奏書屬金主福祿　飛廉屬火主孤
喜神屬火主喜氣　伏兵屬火主口舌
病符主病　官府主官符
喪門木　吊客火
白虎金　官符火

紫微金宮四歲花
初一尋豬初二龍
順進三步逆退一
先陰後陽是其基
惟有初二辰上起
退三進四逆尋跡

巳 初六 十六 十九 二十五	午 初十 二十 二十三 二十九	未 十四 二十四 二十七	申 二十八 十八
辰 初二 十二 十五 二十二	金四局		酉 二十三
卯 初八 十一 十七			戌 二十六
寅 初四 十三 初七	丑 初三 初九	子 初五	亥 初一 三十

生逢木宮三歲遊
初一起龍初二牛
逆進二宮安二日
順回四步一辰孚
初二回宮牛頭起
逆退二步二辰濤

巳 初四 十二 十四	午 初七 十五 十七	未 初十 十八 二十	申 十三 二十一 二十三
辰 十一 初九 初十	木三局		酉 十六 二十四 二十六
卯 初六 初八			戌 十九 二十七 二十九
寅 初三 初五	丑 初二 二十八	子 二十五	亥 二十二 三十

坎水宮中二歲行
初一起丑初三寅
順行一宮安二日
陰陽雖殊行則同

巳 初八 初九	午 初十 十一	未 十三 十二	申 十五 十四
辰 初六 初七 三十	水二局		酉 十六 十七
卯 初四 初五 二八 二九			戌 十八 十九
寅 初二 初三 二六 二七	丑 初一 二四 二五	子 二二 二三	亥 二十 二一

離火宮中六歲奇
初二騎馬初四龍
進三退二各一日
逆回三步是生時
先陽後陰逆退二
另有進一名其端
退二安一退二百
順進五宮是其基

巳 初十 二四 二九	午 初二 十六 三十	未 初八 二二	申 十四 二八
辰 初四 十八 二三	火六局		酉 初一 二十
卯 十二 十七 二七			戌 初七 二六
寅 初六 十一 二一	丑 初五 十五 二五	子 初九 十九	亥 初三 十三

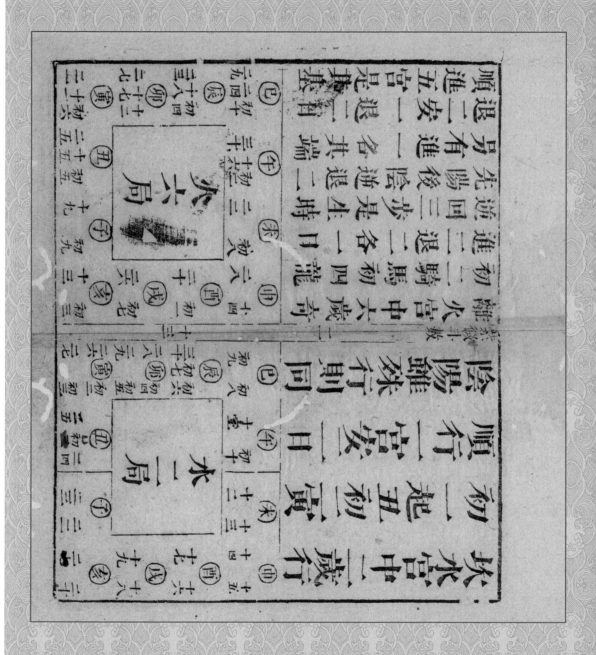

戊上五歲居其中
初一年上二亥宮
逆行二宮安一日
惟有九日不能均
十居辰上初居寅
二十九日午上尋
二宮一日順三次
退二三次又逆回
惟有六日無正位
逢四對宮去追尋

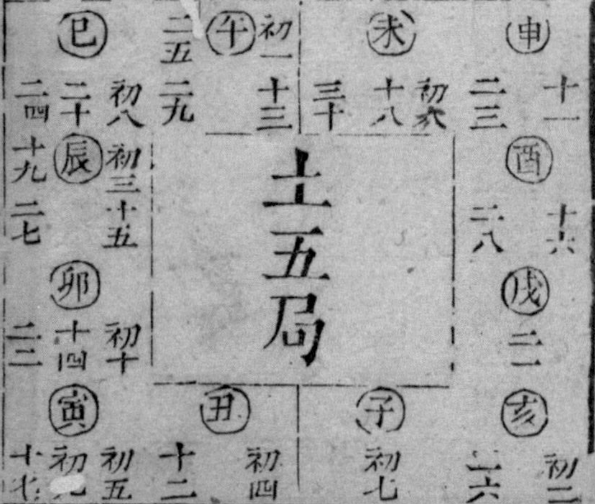

安天府圖

天府惟寅申二宮
紫府同宮餘宮俱
各填斜作對如紫
居丑則府居卯矣

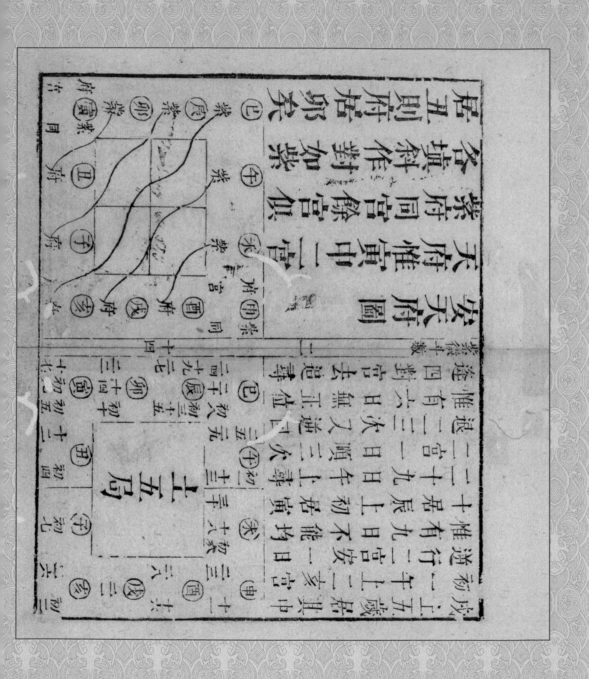

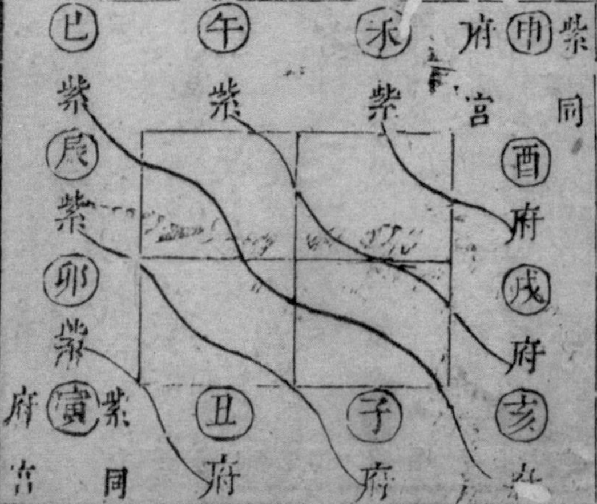

傷使禍福緊慢
圖歲限爲災之
局凡歲限行到
此星必死若有
救始不妨也

六庚生人怕者如寅天使禍祭
一様
天使禍祭比
不可見殺限至
太歲臨此宮大
官災悪
天傷禍祭
天傷子辰卯午
天傷二限逢
此是辛陀當
天傷禍祭
未宮禍祭
生主孳扬太
天使丑卯辰酉
歲冲之必死
天傷禍祭
戊宮禍祭
若戊合災
傷使寅申巳亥天使禍祭
禍祭
六丙生人
如寅一様
天使禍祭六傷禍祭
六甲生人不
宜到此怕傷
史二限太歲
相冲

祿　權

科　忌

科祿得地
權忌不得
地
十權福慢
怕殺爲祿
忌無用
科星得地
祿不得地
忌星凶
科祿福慢
忌星凶

科祿不得科權福祿
地
權忌不得
地
厚怕殺冲
忌星重重
科祿福重科權爲怕
冲殺爲災殺湊合
忌無用忌星得地

忌星不宜
祿權不得
地
忌星不凶
科權福祿
禦不怕殺
忌星不忌
科權福祿
還有發殺
財
忌星不宜

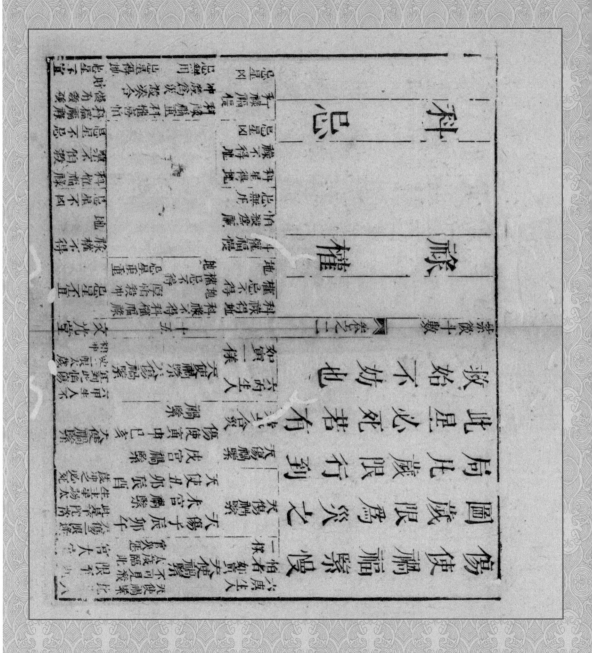

	子	丑	寅	卯	辰	巳	午	未	申	酉	戌	亥
廟	破曲梁存同武巨 陰相府機貪羊	紫相機昌府 月曲武羊	紫相巨府 梁殺祿馬	日梁同 巨存鈴	府梁貪 武羊	同昌曲	紫機破 梁存	紫武破府 貪羊陀	相貞巨殺	巨昌機曲	府梁貪殺 武鈴羊陀	月同
旺		梁破	日	紫機昌殺	日破	紫	府日武 貪巨殺	梁曲破	紫同	紫羊月 府殺	月破	紫曲巨
得地	昌	火	機武 破存	府貪	紫昌曲殺	府相存	相	相日月	府昌曲(破) 武日機	梁	紫相	府(破)存相
利益		貞貪	同	曲武火	機貞			貞昌	月	武貪	機貞	昌
平和	紫貞		曲貪貞	貞	相同巨	機武殺 破梁	貞	巨	貪陀	日同貞	巨同	機殺武破
不得地		同日巨	陀				月	同			日	
落陷	日火鈴	機	昌月	相月破羊	月	月貞貪陀	同昌曲 羊		梁	破和	昌曲	日貪貞 梁

紫微斗數　卷之二　十六　文光堂

○一命宮

紫微土南北斗化帝座爲官祿主紫微面紫色或白清厚背肥滿爲人忠厚老成謙恭耿直其威制七殺降火鈴若與府左右昌曲日月祿馬三合極吉食祿千鍾巨富大貴與祿存同奇特不入廟與左右爲孤君亦清閑僧道與破軍同爲胥吏與羊陀火鈴沖合吉多亦發財常庶人吉女命會吉星清秀旺夫益子

子宮喜丁巳庚生人貴格癸人不耐久

午宮入廟喜甲丁巳生人財官格丙戊人成敗帶疾

卯酉宮旺貪狼同乙辛生人貴甲庚生人不耐久

寅申宮旺地與天府同甲庚丁巳生人財官格

巳亥宮旺地與七殺同乙戊生人財官格

辰戌宮得地與天相同乙巳甲庚癸人財官格

丑未入廟與破軍同甲庚丁巳乙壬人財官格

紫微入男命吉凶訣

歌　紫微天中第一星　命身相遇福財興
曰　君還相佐宮中會　富貴雙全播令名

又　紫微守命最爲良　二殺逢之壽不長
曰　羊陀火鈴來相會　只好空門禮梵王

又　紫微辰戌遇破軍　富而不貴有虛名
曰　若逢貪狼在卯酉　爲臣失義不相應
又　火鈴羊陀來相會　七殺同宮多不貴
曰　斯人孤獨更刑傷　若是空門爲吉利

紫微入女命吉凶訣

歌　紫微女命守身宮　天府尊星同到宮
曰　更得吉星同左照　金冠封贈福滔滔
又　紫微女命守夫宮　三方吉拱便爲榮
曰　若逢殺破來沖破　衣祿盈餘淫巧容

紫微入限吉凶訣

歌　紫微垣內吉星臨　二限相逢福祿興
曰　常人得遇多財富　官貴逢之職位陞
又　紫微入限本爲祥　一只恐三方殺破狼
曰　常庶逢之多不利　官員降謫有驚傷

天機屬木南斗化善星爲兄弟主入廟身長肥胖性急心慈機謀多變與天梁會合善談兵乙丙丁生人遇之入廟化吉得左右昌曲魁鉞太陰湊合生於巳酉丑亥卯未宮權祿不小文武皆大貴極品加巨門羊火陀忌巳酉丑亥爲下局孤窮

縱有財官貴顯亦不耐久只宜經商巧藝之輩耳女命入廟性剛機巧有權柄幹家助夫益子天梁太陰巨門見羊火忌冲合則淫賤偏房娼婢否則傷夫尅子

子午宮入廟丁巳癸甲庚壬生人財官格

卯酉宮旺地巨門同乙辛戊癸生人財官格

寅申宮得地太陰同丁己甲庚癸生人財官格

巳亥宮和平丙壬戊生人合局不耐久

辰戌宮利益天梁同壬庚丁生人爲福

丑未宮陷地丙戊丁壬生人財官格乙壬生人祿合格

天機入男命吉凶訣

歌 機月天梁合太陽 常人富足置田庄

曰 官員得遇秉權祿 職位高遷面帝王

又 天機化忌落閑宮 縱有財官亦不終

曰 退盡家財兼壽夭 飄蓬僧道任山中

天機入女命吉凶訣

歌 天機女命吉星扶 作事操持過丈夫

曰 權祿宮中逢守照 榮膺誥命貴如何

又 天機星與太陰同 女命逢之必巧容

曰　衣祿豐饒終不美　為娼為妾主淫風

天機入限吉凶訣

歌　男女二限值天機　祿主科權大有為
曰　出入經營多遇貴　發財發福少人知
又　天機照限不安寧　家事紛紛外事多
曰　更遇羊陀併巨暗　須知此歲入南柯

太陽入南北斗化貴為官祿主太陽入廟形貌堂堂雄壯有力圓滿夜生陷日生廟旺心慈面紫色好施濟若會左右昌曲魁鉞太陰祿存守照官祿財官昭著極品之論文武皆宜之身逢吉聚貴入門下客否則公卿走卒六庚生人命坐卯宮第一廟所六壬次之命在亥甲生人下局否則夭壽貧窮雖發不久廟旺終身富貴陷地雖化權祿也凶官祿亦不顯見勤終懶成敗不一出外離祖可吉與羊陀冲破又陷下局橫發橫破不耐久若經商巧藝辛苦勞力而禍輕延生矣加凶殺帶疾化忌目疾女命入廟旺夫益子若陷地又見羊陀火鈴忌刧貧賤殘疾亦為貞潔之婦　僧道亦清潔

子宮陷午宮旺丁巳生人財官格壬丙戊生人悔吝

卯宮廟酉和平乙辛生人財官格甲庚人困

太陽入限吉凶訣

歌　工限偏宜見太陽　添財進業福非常
曰　婚姻和合添嗣續　仕者高遷坐廟堂

歌　太陽守限有多般　陷地須防惡殺侵
曰　加忌逢凶多阻滯　橫事破財家伶仃

武曲金北斗化財爲財帛主武曲性剛果決心直無毒形小聲高而量大最喜甲巳生人福厚有毛髮之異入廟與昌曲同行則出將入相武職最旺文人多學多能會貪遇火化吉爲上格丙丁庚辛壬癸中格斷與府相梁月祿馬會主貴西北

人爲福東南人平常陷地巧藝之人及僧道吏遇廉貞破軍羊忌空劫沖破下局破祖敗家亥命入廟推貴陷地値殺孤單刑夫剋子且不止

子午宮旺地天府同丁巳庚生人財官格

卯酉宮利益與七殺同乙辛生人財官格

寅申宮得地天相星同丁巳甲庚生人財官格

巳亥宮和平與破軍同壬戊生人財官格

辰戌入入廟乙甲生人財官格

丑未入廟貪狼同戊辛生人大貴財官格

寅宮旺中得地巨門同丁巳甲庚人財官格
巳宮旺財官格亥宮陷逢殺孤貧窮
丑宮陷未宮得地太陰同加吉星財官格
辰宮旺財官格戌宮陷反背孤寡

太陽入男命吉凶訣

歌曰　命裡陽逢福壽濃　更兼權祿兩相逢
　　　魁昌左右來相湊　富貴雙全比石崇

又曰　日月丑未命中逢　三方無化福難豐
　　　更有吉星終不美　若逢殺湊一生窮

又曰　失陷太陽居反背　化忌逢之多蹇昧
　　　又招橫事破家財　命強化祿也無害

太陽入女命吉凶訣

歌曰　太陽正照婦人身　姿貌殊常性格貞
　　　更得吉星同王照　金冠封贈作夫人

又曰　太陽安命有奇能　陷地須防要殺凌
　　　作事沉吟多進退　辛勤度日免家傾

又曰　太陽反照主心忙　衣祿平常壽不長
　　　剋過良人兒子　只宜蔭下作偏房

武曲入男命吉凶訣

歌曰　武曲守命化爲權　吉曜來臨福壽全
志氣崢嶸多出衆　超凡入聖向人前

又曰　武曲之星守命宮　吉星守照始昌榮
若加耗殺來冲破　任是財多畢竟空

武曲入女命吉凶訣

歌曰　女人武曲命中逢　天府加之志氣雄
左右祿來相逢聚　雙全富貴美無窮

又曰　將星一宿最剛強　女命逢之性異常
衣祿滔滔終有破　不然壽夭主凶亡

武曲入限吉凶訣

歌曰　大小限逢武曲星　若還入廟主財興
更加文昌臨左右　福祿雙全得稱心

又曰　武曲臨限化權星　最利求謀事有成
更遇吉星同會合　文人名顯庶人興

又曰　武曲之星主官入　公吏逢之刑杖來
常庶逢之還負債　官員値此有驚懷

天同水南斗化福爲福德主天同入廟肥滿清明仁慈耿直

天梁左右嘉會丙生人於巳亥酉宮安命財官雙美福非小
可未宮次之午陷丁生人宜之若在亥地庚生人下局更遇
羊陀鈴忌冲合則孤單破相目疾
女命會吉星作命婦旺夫益子極賢能居巳亥雖美而淫
子旺午陷官丁巳癸辛生人財官格
卯酉宮和平乙丙辛生人財官格
寅宮利申宮旺天梁同乙甲丁生人福厚
巳亥宮入廟壬丙戊生人財官格
辰戌和平丙丁生人利逢庚癸生人福不耐人

丑未宮不得地巨門同乙壬甲丙辛庚生人財官格

天同入男命吉凶訣

歌曰 天同坐命性溫良 福祿悠悠壽更長
若是福人居廟旺 定教食祿譽傳揚

又曰 天同若與吉星逢 性格聰明百事通
男子定然食天祿 女人樂守綉房中

又曰 天同守命落閑宮 火陀殺合更為凶
天機梁月來相會 只好空門度歲中

天同入女命吉凶訣

歌曰　天同守命婦人貞　性格聰明伶俐人
　　　昌曲更來相會處　悠悠財福自天申
又曰　天同君與太陰同　女命逢之淫巧容
　　　衣祿雖豐終不美　偏房侍妾與人通

天同入限吉凶訣

歌曰　人生二限值天同　喜氣盈門萬事榮
　　　財祿增添宜創造　從今家道得豐隆
又曰　流年二限值天同　陷地須防惡殺沖
　　　作事美中還未美　惟防官破及家傾

廉貞屬火北斗化次桃花殺囚星為官祿主為人身長體狀眼露神光眉竿口大噴骨亦露性硬浮蕩好忿爭入廟武職貴遇府相左右有威權祿存同富貴昌曲七殺立武功與擎羊九同是非日有破軍火鈴同狗倖狠心巳亥陷宮棄祖孤寒巧藝僧道軍旅之流六甲生人命坐寅申者上格丁巳人次之六丙人坐子午卯酉宮橫發橫破不耐久六甲生人坐四墓宮財官格若丙戊生人招非有成敗若與昌曲忌星同在巳亥宮六丙生人有禍六甲人亦不宜也未申生人在未申宮化祿逢吉富貴必矣若在諸宮逢羊陀火忌沖破主殘疾

女人三合吉拱主封贈雖惡殺沖不爲下局若人廟逢化祿
剛烈機巧清秀旺夫益子　僧道有吉拱有師號此星最吉
天相同能化其惡
子午宮和平天相同丁巳甲生人財官格
卯酉宮和平乙辛生人癸生人破軍同吉
寅宮和平甲庚巳生人爲貴格
申宮入廟甲庚戊生人爲貴格丙生人次之
丑未宮利益七殺同加吉星財官格
辰戌宮利益天府同甲庚生人財官格

巳亥宮陷地甲巳丙戊人福不耐久

廉貞入男命吉凶訣

歌　廉貞守命亦非祥　賦性魏鏨心氣剛
曰　華故鼎新宜大貴　爲官清顯姓名香
又　廉貞坐命號閑宮　貪破擎羊火更中
曰　縱有財官爲不美　平生何以得從容
又　廉貞落陷入閑宮　吉曜相逢也有凶
曰　腰足災殘難脫厄　更加惡殺命該終

廉貞入女命吉凶訣

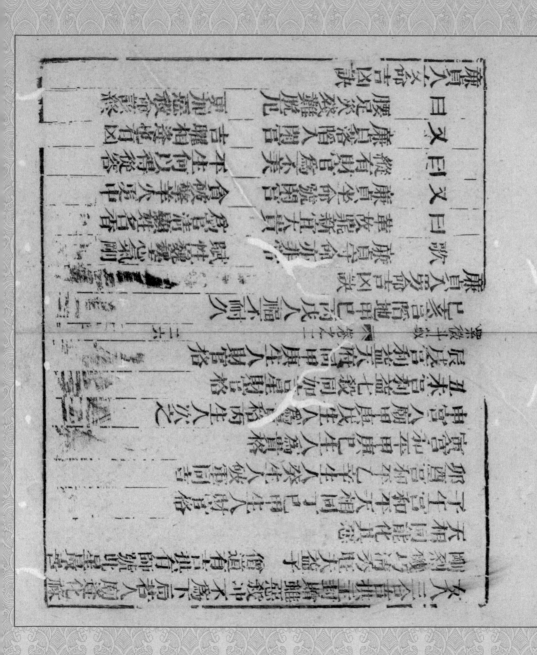

歌　女人身命值廉貞　內政清廉格局新
曰　諸吉拱照無殺破　定教封贈在青春
又　廉貞貪破曲相逢　吒火交加極賤傭
曰　定主刑夫并剋子　只好通房娼婢容

廉貞入限吉凶訣

歌　廉貞入限旺宮臨　喜逢吉曜福駢臻
曰　財物自然多豐積　任人得意位高陞
又　大小二限遇廉貞　更有天刑忌刃侵
曰　膿血刑災逃不得　破軍貪殺赴幽冥

天府土南斗化令星為財帛主為人面方圓容紅齒白心性溫和聰明清秀學多機變能解一切厄喜紫微昌曲左右祿存魁鉞權祿居廟旺必主富貴羊陀火鈴會合奸詐命坐寅午戌亥卯未六巳生人權貴君巳酉丑乙丙戊辛人文武財官格加亥卯未辰酉上安命者甲庚人不貴先大後小有始無終女命清白機巧旺夫貴子遇紫微左右同垣極美作命婦

子午宮旺與武曲同丁巳癸生人為福財官格

卯宮入廟酉宮旺地乙丙辛生人財官格

寅入廟申宮得地紫微同丁巳生人財官格

辰戌宮入廟 廉貞同甲庚壬生人財官格

丑未入廟加吉星財官格

巳亥宮得地乙丙戊辛生人財官格

天府入男命吉凶訣

歌曰 天府之星守命宮　加之權祿喜相逢

又曰 魁昌左右來相會　附鳳扳龍上九重

又曰 火鈴羊陀三方會　為人奸詐多勞碌

又曰 空刼同垣不為佳　只在空門也享福

天府入女命吉凶訣

歌曰 女人天府命身宮　性格聰明花樣容

又曰 更得紫微三合照　金冠霞帔受皇封

又曰 火鈴擎陀來沖會　性格庸常多晦滯

又曰 六親相背子難招　只可空門為妮計

天府入限吉凶訣

歌曰 限臨天府能司祿　士庶逢之多發福

又曰 添財進喜永無災　且也潤身並潤屋

又曰 南斗尊星入限來　所為謀事稱心懷

又曰 若還又化科權祿　措日欣然展大林

太陰水南北斗化富為母宿又為妻星為田宅主太陰面方圓心性溫和清秀耿直聰明花酒文章博學積立功名身若逢之則隨娘繼拜陷地化吉科權祿返凶出外離祖吉更遇羊陀火鈴酒色邪淫下賤夭折最喜六壬戊生人在亥卯未宮立命合局乙庚戊人亥宮立命上格六丁人次之六乙合格六丁六戊化科權祿吉　女命會太陽入廟封贈夫人若陷地傷夫剋子妾妓之輩

子丑寅宮入廟丁戊生人財官格

卯辰巳宮陷地乙壬戊生人孤寡不耐久

午宮陷未申宮利益丁庚甲生人財官格

酉戌亥宮入廟丙丁人財官格吉星衆大貴

太陰入男命吉凶訣

歌　太陰原是水之精　身命逢之福自生

曰　酉戌亥垣為得地　光輝揚顯姓名亨

又　太陰入廟化權星　清秀聰明邁等倫

曰　稟性溫良恭儉讓　為官清顯列朝紳

又　寅上機昌曲月逢　縱然吉拱不豐隆

曰　男為僕從女為妓　加殺冲殺到老窮（申宮次之）

又 太陽陷地惡星中 陀火相逢定困窮
曰 此命只宜僧與道 空門出入得從容

太陰入女命吉凶訣

歌 月會同陽在命宮 三方吉拱必盈豐
曰 不見凶殺來冲會 富貴雙全保到終
又 太陰陷在命和身 不喜三方惡殺侵
曰 剋害夫君壽又夭 更虛血氣少精神

太陰入限吉凶訣

歌 太陰星曜限中逢 財祿豐盈百事通

曰 嫁娶親迎添嗣續 常人得此旺門風
又 二限偏宜見太陰 添進財產福非輕
曰 火鈴若也來相湊 未免官災病患臨
又 限至太陰居反背 不喜羊陀三殺會
曰 火鈴二限最為凶 若不官災多破悔

貪狼水北斗化桃花殺貪狼入廟長聳肥胖陷宮形小聲高而量大性格不常心多計較作事急速不耐靜作巧成拙好賭博花酒陷地加羊陀忌星則孤貧破相殘疾有斑痕疤痣入廟多居武藝之中遇火鈴喜戊巳生人合局垣不喜六癸生

人不耐久長　女命平常若陷地傷夫剋子且不正太多爲

娼婢　僧道亦不清潔

子午宮旺地丁巳生人福厚丙戊庚生寅申人下局

卯酉宮利益紫微同見火星貴乙辛巳人宜之財官格

寅申宮利平庚生人財官格

辰戌入廟戊巳生人財富格

丑未宮入廟武曲同見火星戊巳庚生人貴格

巳亥宮陷地廉貞同丙戊壬生人爲福不耐久

貪狼入男命吉凶訣

歌曰　四墓宮中福氣濃　提兵指日立邊功

又曰　火星拱會誠爲貴　名震諸夷定有封

貪狼守命同羊宮　陀殺交加必困窮

又曰　武破廉貞同殺刼　百藝防身度歲終

四墓貪狼廟旺宮　加臨左右富財翁

若然再化科權祿　文武材能顯大功

貪狼入女命吉凶訣

歌曰　四墓宮中多吉利　更逢左右方爲貴

祿財豐富旺夫君　性格剛強多志氣

又　貪狼陷地女非祥　衣食雖豐也不良
曰　尅害良人并男女　又教衾枕守孤孀

貪狼入限吉凶訣

歌　北斗貪狼入限來　若還入廟事和諧
曰　科權仕路多成就　必主當年發橫財
又　貪狼主限四墓臨　更喜人生四墓生
曰　若見火星多橫發　自然富貴冠鄉鄰
又　限至貪狼陷不良　只宜節慾息災傷
曰　賭蕩風流去財寶　吉曜三方可免災

又　女限貪狼事不良　宜懷六甲免災殃
曰　君無吉曜來相會　須知一命入泉鄉

巨門水北斗化暗主是非入廟身長肥胖敦厚清秀不入廟丑短瘦小作事進退疑惑多學少精與人寡合多是多非奔波勞碌喜左右祿存六癸六辛生人坐子卯合局六庚六丁生人辰戌安命却不富貴子午宮安命丙戌生人孤寡夭折六甲生人而擎羊同入廟在卯宮者破局在子午宮於身命為石中隱玉格逢命祿科權星會文昌羊陀若不夭折
小限三祥迎命祿科權祿限會祿限三陷男女淫娼
女命入廟六癸六辛生人享福陷地傷尅夫子丁人遇廢淫此星在女命多有嗤謔

子午宮旺地丁巳癸辛生人福厚丙戊生人主困
卯酉宮入廟乙辛生人財官格丁戊生人有成敗
寅申宮入廟太陽同甲庚癸辛生人財官格
辰戌宮和平癸辛生人貴丁生人困
丑未不得地癸辛丙生人財官格
巳亥旺宮癸辛生人財官格

巨門入男命吉凶訣

歌曰　巨門子午二宮逢　局中得遇以為榮
三合化吉科權祿　官高極品衣紫袍

又曰　此星花暗不宜逢　更會凶星愈肆凶
唇齒有傷兼性猛　若然入廟可和平

又曰　巨門守命遇擎羊　鈴火逢之事不祥
為人性急多顛倒　百事茫茫亂主張

巨門入女命吉凶訣

歌曰　巨門旺地多生吉　左右加臨壽更長
女人得此誠為貴　廉捲珍珠坐繡房

又曰　巨門命陷主淫娼　侍女偏房始免殃
相貌清奇多近寵　不然壽夭主凶亡

巨門入限吉凶訣

歌　巨門主限化權星　最喜求謀大事成

曰　雖有官災并口舌　凶爲吉兆得安寧

又　巨門入限動人愁　若遇喪門事不周

曰　士庶逢之多惹訟　居官失職或丁憂

又　巨門限陷最乖張　無事官非鬧一場

曰　哭泣喪連終不免　破財嘔氣受淒凉

天相水南斗化印爲官祿主爲人相貌敦厚持重清白好酒食衣祿豐足紫府左右昌曲日月嘉會財官雙美位至三公與

武破羊陀同行則爲巧藝更加火鈴巨機則傷刑不善終天相又能化廉貞之惡　文命入廟溫和衣祿遂心　僧道吉

子午宮廟地廉貞同丁巳癸甲人財官格

卯酉陷宮乙辛生人吉甲庚人主困

辰戌宮得地紫微同財官格

丑宮入廟未宮得地加吉星財官格

寅申宮入廟武曲同丁甲庚生人財官格

巳亥宮得地丙戊壬生人爲福

天相入男命吉凶訣

歌曰 天相星辰邁等倫 照守身命宮無垠
又 爲官必主居元宰 二合相逢福不輕
曰 天相吉星爲命主 必定斯人多克已
又 財官祿主旺家資 權壓當時誰不羨
又 天相之星破武同 羊陀火鈴更爲凶
曰 或作技術經商輩 君在空門享福隆

天相入女命吉凶訣

歌 女人之命天相星 性格聰明百事寧
曰 衣祿豐盈財帛足 旺夫貴子顯門庭
又 破軍七殺來相會 羊陀火鈴最所忌
曰 孤刑剋害六親無 只可偏房與侍婢

天相入限吉凶訣

歌 天相之星最主財 照臨二限悉無災
曰 動作謀爲皆遂意 優游享福自然來
又 天相之星有幾般 三方不喜惡星纏
曰 羊陀空刼重相會 口舌官災禍亦連
又 限臨天相遇擎羊 作禍興殃不可當
曰 更有火鈴諸殺湊 須教一命入泉鄉

天梁屬土南斗化蔭主壽星厚重清秀聰明耿直心無私曲好施濟有壽與天機同行居翰苑善談兵左右昌曲嘉會則出將入相要入廟方富貴陷地遇火羊破局則下賤孤寒夭折逢天機耗殺淸閑僧道受制諸六壬生人亥卯未上安命者富貴雙全　女命有男子之志入廟富貴陷地加殺傷剋夫子又賤淫

子午宮入廟丁巳癸生人福厚財格

卯宮入廟酉宮得地太陽同乙壬辛生人財官格

寅宮入廟申宮陷地天同同丁巳甲庚生人財宮格

辰戌宮入廟天機同丁巳壬庚生人財官格

丑未宮入廟壬乙生人財官格六戊生人大貴

天梁入男命吉凶訣

歌　天梁之曜數中魁　形神穩重性溫良
曰　左右曲昌來會合　管教富貴列朝綱
又　天梁星宿壽星逢　機日文昌左右同
曰　子午寅申為入廟　官資淸顯至三公
又　天梁遇火落閑宮　咣殺重逢更是凶
曰　孤刑帶疾破家財　空門技藝可營工
又　辰戌機梁非小補　破軍卯酉不為良

曰　女人得此爲孤獨　尅子刑夫守冷房

天梁入限吉凶訣

歌　天梁化蔭吉星和　二限逢之福必多
曰　若加吉曜逢廟地　貴極一品輔山河
又　限至天梁最是良　猶如秋菊吐馨香
曰　加官進職迎新祿　常庶逢之也足粮
又　天梁守限壽延長　作事求謀更吉昌
曰　若遇火鈴羊陀合　須防一厄與家亡

七殺火金南斗將星遇帝爲權餘宮皆殺目大性急不常喜怒不一作事進退沉吟廟旺有謀畧遇紫微掌生殺之權武職最利加左右昌曲魁鉞會合位至極品落空亡無威力遇凶曜於生鄉定爲屠宰會刑囚傷尅安命寅亥子午宮丁巳生人合局辰宮六庚人吉若坐子午寅申卻不喜壬庚午戌六丙六戊中平羊陀火鈴冲會又在陷地殘疾下局雖富貴不久
女人入廟加權祿旺夫益子陷地遇羊火則傷尅下賤

子午宮旺地丁巳甲生人財官格
卯酉宮旺地武曲同乙辛生人福厚財官格
寅申宮入廟甲庚丁巳人財官格

巳亥宮和平紫微同丙戊壬生人福厚
辰戌宮入廟加吉星財官格
丑未入廟廉貞同加吉星財官格

七殺入男命吉凶訣

歌　七殺寅申子午宮　四夷拱手服英雄
曰　魁鉞左右文昌會　科祿名高食萬鍾
又　殺居陷地不堪言　凶禍猶如伴虎眠
曰　若是殺強無制伏　少年惡死在黃泉
又　七殺坐命落閑宮　巨宿羊陀更照沖
曰　若不傷肢必損骨　空門僧道可興隆

七殺入女命吉凶訣

歌　女命愁逢七殺星　平生作事果聰明
曰　氣高志大無男女　不免刑夫歷苦辛
又　七殺孤星貪宿逢　火陀奏合非爲貴
曰　女人得此性不良　只好偏房爲使婢

七殺入限吉凶訣

歌　二限雖然逢七殺　從容和緩家道發
曰　對宮天府正來朝　仕宦逢之名顯達

又　七殺之星主啾唧　作事艱難俱有失
曰　更加惡曜在限中　一生有官災多病疾

破軍水北斗化耗星主妻子奴僕形五短背厚眉寬腰斜性剛寡合爭強棄祖發禍好搏捕獵喜紫微有威權天梁天府能制其惡文曲一生貧士更入水鄉殘疾雖富貴不久夭折六癸甲生人坐子午宮者位至三公若丙戌寅申生人坐子午則孤單殘疾雖富貴不久夭折丙戊生人坐辰戌丑未紫微同垣富貴不小遇廉貞羊陀火鈴於陷宮爭鬬疾病宜僧道之女人子午入廟有權柄陷地加殺下賤淫慾

子午宮入廟丁巳癸生人福厚丙戊人主困
卯酉宮陷地廉貞同乙辛癸生人利甲庚丙人不耐久
辰戌旺宮甲癸庚生人爲福
寅申宮得地甲庚丁巳生人財官格
丑未宮旺地紫微同丙戊乙生人財官格
巳亥和平武曲同丙戊生人福厚

破軍入男命吉凶訣

歌　破軍七殺與貪狼　入廟英雄不可當
曰　關羽命逢爲上將　庶人富足置田庄

又　破軍子午會文昌　左右雙雙入廟鄉
曰　財帛豐盈多慷慨　祿官昭著佐君王
又　破軍一曜最難當　化祿科權喜異常
曰　若還陷地仍加殺　破祖離宗出遠鄉
又　破軍不喜在身宮　廉巨火羊陀會凶
曰　不見傷殘的壽夭　只宜僧道度平生

破軍入女命吉凶訣

歌　破軍子午為入廟　女命逢之福壽昌
曰　性格有能偏出衆　旺宮益子姓名香
又　破軍女命不宜逢　擎羊加陷偏為凶
曰　尅害良人非一次　須教再嫁度朝昏

破軍入限吉凶訣

歌　破軍入限要推詳　廟地方知福祿昌
曰　更遇文昌同魁鉞　限臨此地極風光
又　破軍入限要推詳　廟旺無凶少損傷
曰　殺湊破軍防破耗　更防妻子自身亡
又　破軍主限多膿血　失脫針張不可說
曰　更值女人主孝服　血光產難災殃節

文昌金南北斗乃文魁星眉目清秀分明機巧多學多能[illegible]
梁祿存財官昭著富貴先難後易陷地加羊火巧藝之人陷
地獨守加殺擎火陀鈴帶疾亦能延壽旺有暗痣陷有斑痕
女命入廟平常加吉曜富貴陷地遇火羊巨機（殺忌則下賤 淫娼使婢）

寅午戌宮陷地丁巳甲庚生人財官格
申子辰宮得地癸庚甲生人貴格
巳酉丑宮入廟乙戊辛生人大貴
亥卯未宮利益乙戊生人財官格

文昌入男命吉凶訣

歌　文昌坐命旺宮臨　志大財高抵萬金
曰　文藝精華心壯大　須教平步上青雲
又　文昌守命亦非常　限不夭傷福壽長
曰　只怕限冲逢火忌　須教夭折帶刑傷

文昌入女命吉凶訣

歌　女人身命值文昌　秀麗清奇福更長
曰　紫府對冲三合照　管教富貴着霞裳
又　文昌女命遇廉軍　陷地擎羊火忌星
曰　若不為娼終壽夭　偏房猶得主人輕

文昌入限吉凶訣

歌　文昌之宿最爲淸　斗數之中第二星

曰　若遇太歲與二限　士人値此占科名

又　限遇文昌不得地　更有羊陀火鈴忌

曰　官非口舌破家財　未免刑傷多蹭滯

文曲水北斗司科甲星與文昌逢吉主科第單居身命更逢惡殺奏合無名便佞之人喜六甲生人巳酉丑宮侯伯貴與貪狼火星同垣三合者將相之命武貞羊破殺狼居陷地則喪命妖折若與同梁武曲會旺宮聰明果决如羊陀火鈴冲破

只宜空門旺有暗痣陷有斑痕　女命入廟淸陷地與巨火忌機會及貪狼破軍同垣冲破則下賤孤寒淫慾

寅宮平和午戌宮陷地甲庚生人財官格

申子辰宮得地丁癸辛庚生人福厚

巳酉丑宮入廟辛生人遇紫同大富貴

卯亥未宮旺地辛丙壬戊生人財官格

文曲入男命吉凶訣

歌　文曲守命最爲良　相貌堂堂志氣昂

曰　士庶逢之應福厚　丈夫得此受金章

又　文曲守垣逢火忌　不喜三方惡殺聚

曰　此人雖巧口能言　惟在空門可遇貴

文曲入女命吉凶訣

歌　女人命裡逢文曲　相貌清奇多有福

曰　聰明伶俐不尋常　有殺偏房也淫慾

文曲入限吉凶訣

歌　二限若逢文曲星　士庶斯年須發福

曰　更添左右會天同　財祿滔滔為上局

又　文曲限遇廉陀羊　陷地非災惹禍殃

曰　更兼命裡是辰弱　須知此歲入泉鄉

左輔土南北斗善星佐帝令尤佳若府相機昌貪狼武曲會更

右弼同垣富貴不小財官雙美若見羊陀火忌中局旺宮有

暗痣斑痕如陷地加巨門七殺天機下局　女命會吉星旺

夫益子　僧道清潔

左輔入男命吉凶訣

歌　左輔尊星能降福　風流敦厚通今古

曰　紫府祿權貪武會　文官武職多清貴

又　羊陀火鈴三方照　縱有財官非吉兆

曰　廉貞破巨更來沖　若不傷殘終是夭

左輔入女命吉凶訣

歌　女逢左輔主賢豪　能幹能爲又氣高

曰　更與紫微天府合　金冠封贈福滔滔

又　火陀相會不爲良　七殺破軍壽不長

曰　只可偏房方富足　聰明得寵過時光

左輔入限吉凶訣

歌　左輔限行福氣深　常人富足累千金

曰　官員更得科權照　職位高遷佐聖君

又　左輔之星入限來　不宜殺湊主悲哀

曰　火鈴空刼來相湊　財破人亡事事衰

右弼土南北斗善星佐帝令入廟厚重清秀賦直心懷寬恕好施濟有機謀諸宮降福四墓尤佳若會紫微府相昌曲終身福壽若與諸殺同纏及羊陀火忌冲合者則福薄亦不爲凶有暗痣斑痕傷殘帶疾　女命會吉星旺夫益子　僧道清閑

右弼入男女命吉凶訣

歌　右弼天樞上宰星　命逢重厚最聰明

曰　若無火忌羊陀會　加吉財官冠世英

又　曰　右弼尊星入命宮　若還殺湊主常庸
羊陀空劫三方湊　須知帶疾免災凶

右弼入限吉凶訣

歌　曰　右弼入限最為榮　人財興旺必多能
官員遷擢僧道喜　士子攻書必顯名

歌　曰　右弼主限遇凶星　掃蕩家資百不成
士遭傷敗奴欺主　更教家破主伶仃

祿存土北斗司爵貴星持重心慈耿直有機變多學多能命遇主富貴文人有聲名諸宮降福消災棄祖重拜父母喜紫微

府相同梁日月武曲同宮為妙單守命身看財之庫怕火鈴空劫沖照下局巧藝多精之人陷地減福在命宮官祿田宅為福　女命清白秀麗有男子之志

祿存入男命吉凶訣

歌　曰　人生若遇祿存星　性格剛強百事成
左右逢令昌曲會　滔滔衣祿顯門庭

又　曰　祿存守命莫逢沖　陀火交加福不全
天機空劫忌相會　空門僧道得清閑

祿存入女命吉凶訣

歌　女命若遇祿存星　紫府加臨百事寧

曰　更遇同貞相湊合　必然評定是夫人

又　祿存入命陷宮來　空劫鈴火必爲災

曰　若無吉曜來相湊　夫婦分離永不諧

祿存入限吉凶訣

歌　祿存主限最爲良　作事求謀盡吉祥

曰　仕祿逢之多轉職　庶人遇此足錢糧

又　祿存主限壽延長　作事營謀萬事昌

曰　更有科權兼左右　定知此限富倉廩

又　祿存祿主多富足　婚姻嫁娶添嗣續

曰　更兼科祿又同宮　必主榮華享厚福

又　祿馬交馳限步逢　最怕劫空相遇同

曰　更兼太歲惡星冲　限倒其年入墓中

魁鉞火鈴天乙貴人若人身命逢之更得諸吉加臨並合吉星守照必少年登科及第逢凶忌不爲文章秀士可爲弟子之師限步逢之必主清高名成利就大抵此星若身命逢之雖不富貴亦主聰明爲人秀麗清白有威可畏有儀可象

女命逢吉多爲宰相婦逢凶殺也主富貴

魁鉞入命限吉凶訣

歌　魁鉞命身限遇昌　常人得此足錢糧

曰　官員遇此高遷擢　必定當年面帝王

擎羊火金北斗浮星化刑入廟權貴身旺形麄破相剛強果決好勇鬭狠機謀僑詐橫立功名能爲君子之權喜西北生人爲福且命在四墓宮廟地亦喜四墓生人會日月男剋妻而女剋夫會昌曲左右有暗悲斑痕若卯酉陷宮作禍傷殘帶目耿六甲六戊寅申生人守命其人孤單不守祖業二姓延生巧藝爲活廉貞火巨忌星同陷地則帶暗疾或面手足有傷殘且不善終一生多招刑禍否則爲僧道　女命入廟權

貴陷地傷夫剋子孤刑破相下浮

辰戌丑未入廟亦宜辰戌丑未生人財官格

子午卯酉陷地　寅宮得地

擎羊入男命吉凶訣

歌　祿前一位安擎羊　上將逢之福祿加

曰　更得貴人相守照　兵權萬里壯皇家

又　擎羊守命性剛強　四墓生人福壽長

曰　若得紫府來會合　須知財穀富倉廂

又　擎羊一躔落閑宫　陀火沖兮便是凶
曰　更若身命同刼殺　定然夭絶在途中

擎羊入女命吉凶訣
歌　北斗浮星女命逢　火機巨忌必常庸
曰　三方凶殺兼來凑　不夭終須浪滚濤

擎羊入限吉凶訣
歌　擎羊守限細推詳　四墓生人免禍殃
曰　若遇紫微昌府會　財官顯達福悠長
又　天羅地網遇擎羊　二限中兮禍患戕

曰　若是命中主星弱　定教一疾夢黄粱
又　擎羊加殺最爲凶　二限休教落陷逢
曰　尅子刑妻賣田屋　徒流貶配去從戎

陀羅火金北斗浮星化忌入廟身雄刑罷賦性剛強破相氣高
横發横破不守祖業爲人飄蓬不作本處民作事退悔有始
無終喜西北生人爲福及四墓生人又坐四墓宫吉星衆者
爲福會日月忌宿男尅妻而女尅夫加忌且損目會左右昌
曲有暗痣若無正星而獨守命者孤單棄祖入贅二姓延生
巧藝爲活若陷宫逢巨殺必傷妻子背六親且傷殘帶疾

僧道吉　女命內狼外虛亥夫剋子不和六親又無廉恥

辰戌丑未人廟辰戌丑未生人利

寅申巳亥陷地

陀羅入男命吉凶訣

歌　陀羅命內坐中存　更喜人生四墓中

曰　再得紫微昌府合　財祿豐盈達播名

又　陀羅在陷不堪聞　口舌官災一世侵

曰　財散人離人孤獨　所爲所作不如心

陀羅入女命吉凶訣

歌　陀羅一曜女人逢　遇吉加臨淫蕩容

曰　凶殺三方相照破　須防相剋主人翁

陀羅入限吉凶訣

歌　限遇陀羅事亦多　必然恐耐要謙和

曰　若無吉曜同相會　須教一夢入南柯

又　夾身夾命有陀羊　火鈴空劫又來傷

曰　天祿不逢生旺地　刑妻剋子不爲良

火星南斗浮星　火性剛強出衆厲齒四肢有傷毛髮生異形容

各別諸宮不美惟貪狼廟旺措日立邊功爲財官格利東南

生人不利西北及辰寅卯巳午生人禍輕　更與擎羊同則禍
禄災厄孤尅下句只宜過房外家寄養重拜父母方可
女命心毒內狠外虛凌夫尅子不守婦道　多是非淫慾下賤
寅午戌人宜　申子辰人陷災否困　巳酉丑人得地吉
亥卯未人利益吉多發禍

火星入限吉凶訣

歌　火星得地限宮逢　喜氣盈門百事通
曰　仕宦逢之皆發福　常人得此財豐隆
又　火星一宿最乖張　無事官災鬧一場

曰　尅害六親應不免　破財艱苦免恓惶

鈴星火南斗浮星性毒形神破相膽大出衆宜寅午戌生人權
貴亦利東南生人及限行福厚西北人限行成敗雖富貴不
火入廟遇貪狼武曲鎮邊夷更會紫府左右不貴即富如陷
夭折破相延壽離祖重拜父母　女命性剛背六親傷夫子遇吉豈足

鈴星入限吉凶訣

歌　限至鈴星事若何　貪狼相遇福還多
曰　更加入廟逢諸吉　富貴聲揚處處歌
又　鈴星一宿不可當　守臨二限必顛狂

曰　若無吉曜來相照　未免招災惹禍殃

火鈴二星入男命吉凶訣

歌　火鈴二曜居廟地　貪狼紫府宜相會
曰　為人性急有威權　鎮壓鄉邦終有貴
又　火鈴在命落閑宮　西北生人作事庸
曰　破蕩家財終不久　須教帶疾免災凶

火鈴二星入女命吉凶訣

歌　火鈴之星入命來　貪狼相會得和諧
曰　三方無殺諸般美　坐守香閨得遂懷

又　火鈴二曜最難當　女命單逢必主傷
曰　若遇三方加殺湊　須防目下入泉鄉

火鈴二星入限吉凶訣

歌　火曜二星事若何　貪狼相會福還多
曰　更加吉曜多權柄　富貴聲揚處處歌
又　火鈴限陷血膿侵　失脫時常不可尋
曰　口舌官災應不免　須防無妄禍來臨

地劫火乃劫殺之神性重作事疎狂動靜增惡不行正道為邪僻之事（有吉禍輕二方四正加殺少者平等論）女命只可為偏房妓婢而已

地刼入命吉凶訣

歌　地刼從來生發疾　命中相遇多啾唧

曰　若還羊火在其中　辛苦持家防內室

地刼入限吉凶訣

歌　刼星二限若逢之　未免當年無禍危

曰　太歲殺臨多疾厄　官符星遇有官府

天空乃空亡之神性事作事虛空不行正道成敗多端不聚財退祖榮昌空多不吉名曰斷橋有吉禍輕四殺加少者平等論多者下賤太歲二限遇有正曜星加吉者平安經云男狗英雄限到天空而喪國

天空入命吉凶訣

女命單守只可爲偏房妓婢

歌　命坐天空定出家　文昌天相實堪誇

曰　若逢四殺同身命　受蔭承恩福可佳

天空入限吉凶訣

歌　空亡入限破田庄　妻子須防有損傷

曰　財帛不惟多敗失　更憂壽命入泉鄉

地刼天空同入限吉凶訣

歌　極居卯酉刼空臨　爲僧爲道福興隆

曰　樂享山林有師號　福壽雙全到古齡

又　劫空二限最乖張　夫子在陳也絕粮

曰　項羽英雄曾喪國　綠珠逢此墜樓亡

天傷水乃虛耗之神守臨二限太歲不明得地只要家衆方可獲善若無正星又羊火巨機必主官災喪亡破財權事相侵夫子絕粮限到天傷

天使水乃傳使之星務審人間禍福之吉若二限太歲臨有吉星衆者禍輕若無正星又值巨忌羊火刑官災喪亡世事破家

天傷天使人限吉凶訣

歌　天耗守限號天傷　夫子在陳也絕粮

曰　天使限臨人共忌　石中豪富破家亡

天馬火最喜會祿存極忌截路空亡如命在辰戌丑未遇寅申巳亥有天馬在夫妻宮加吉會者富貴加殺不美加權祿照臨必主男為官女封贈

天馬入限吉凶訣

歌　天馬臨限最為良　紫府祿存遇非常

曰　官宮逢之應顯達　十八遇此赴科場

又　天馬守限不得任　多殺劫空來相遇

曰　更兼太歲坐宮中　限到其人尋死路

化祿星土為福德之神守身命官祿之位科權相遇必作大臣

之職（小限逢之主進別人任之喜大限十年吉慶惡曜來臨并陀羊火忌冲照亦不爲害）

女人吉湊作命婦內外威嚴殺湊平常

化祿入命斷訣

歌　十干化祿最爲榮　男命逢之福自申

曰　武職遇名邊塞上　文人名譽滿朝廷

又　祿主天同遇太陽　常人大富足田庄

曰　資財六畜見生旺　凡有施爲盡吉祥

化祿入限斷訣

歌　限中若遇祿來臨　爵位高遷佐聖明

化權星木掌判生殺之神守身命科祿相逢出將入相會巨門

曰　常庶相逢當大貴　自然富積廣金銀

武曲必專大事掌握兵符爲人極古怪到處人欲敬小限相逢無有不吉大限十年必遂逢凶亦不爲災如遇羊陀耗使空劫（聽訴聽累官災貶謫）　女人得之內外稱意　僧道掌山林（住師號）

權星入男命訣

歌　權星最喜吉星扶　事業軒昂膽氣麤

曰　更值巨門兼武曜　三邊鎮守掌兵符

權星入女命訣

歌

曰　化權吉曜女人逢　更吉加臨衣祿豐

富貴雙全人性硬　專夫權柄福興隆

權星入限斷訣

歌　此星主限喜非常　官祿高陞佐帝王

曰　財帛豐添宜創業　從今家道保安康

又　權星此遇武貪臨　作事求謀盡得成

曰　石子名高添福祿　庶人得此積金銀

化科星水上界應試主掌文墨之神守身命權祿相逢主人聰明通達最喜逢魁鉞必中科第作宰臣之職如遇惡星亦爲

文章秀士可作羣英師範但嫌截路空亡旬空天空亦畏

女命吉星拱守作公卿婦雖四殺冲破也主富貴

科星入男命吉凶訣

歌　科星文宿最爲奇　包藏錦繡美文章

曰　一躍禹門龍變化　曾教聲譽達朝堂

又　科星入命豈尋常　錦繡才華展廟廊

曰　更遇曲昌魁鉞宿　龍門一躍姓名揚

科星入女命吉凶訣

歌　化科女命是良星　四德兼全性格清

曰　更遇吉星權祿湊　夫榮子貴作夫人

科星入限吉凶訣

歌　科星二限遇文昌　士子逢之姓名香
曰　僧道庶人多富貴　百謀百遂事英揚

化忌星水爲多管之神守身命一生不順招是非小限逢之一年不足大限相遇十年悔吝二限并太歲交臨斷然蹭蹬文人不耐久武人縱有官災口舌不防雖商藝人在處不宜難立腳如遇紫府昌曲左右科權祿與忌同宮又兼羊火鈴空作事進退橫發橫破始終不得久遠餉係發不住財是也一

生奔波勞碌或帶疾貧夭僧道亦流移還俗然天同在戌化忌丁人遇吉巨門在辰化忌辛人返佳若太陽在寅卯辰巳午化忌太陰在酉戌亥子化忌爲福論若日月陷地化忌主大凶如廉貞在亥化忌是也火人水鄉又逢水命入化忌也不爲害

忌星入男命吉凶訣

歌　諸星化忌不宜逢　更會凶星愈肆凶
曰　若得吉星來助救　縱然富貴不豐隆
又　貪狼破軍居陷地　遇吉化忌終不利
曰　男爲奸盜女淫娼　加殺照命無眠睡

忌星入女命吉凶訣

歌　女人化忌本非奇　更遇凶星是禍基
曰　衣食艱辛貧賤甚　吉星奏合減災危

忌星入限吉凶訣

歌　忌星入廟反爲佳　縱有官災亦不傷
曰　一進一退名不遂　更兼遇吉保安康
又　二限宮中見忌星　致災爲禍必家傾
曰　爲官退職遭邅濫　胥吏須防禁杖刑
又　忌星落陷在閑宮　惡殺加臨作禍凶

曰　財散人離多疾苦　傷官退職孝重逢

祿會祿存富貴權會巨武英揚科會魁鉞貴顯忌會身命非招是

歲君火乃流年太歲星君與諸凶神相遇皆與不祿忌與大小二限相沖者逢大限遇紫府昌曲左右魁鉞吉星扶救災少亦防六畜死失若遇羊陀火鈴劫空傷使財破身亡　女命逢之防產難之厄若有救可免死亡

歌　太歲之星不可當　守臨官限要推詳
曰　若無吉曜來相助　未免官災鬧一場

斗君正月初一日管事遇吉斷吉遇凶斷凶如太歲二限美若斗君正月初一日値在某宮過度逢凶殺也主其年有得失災病官非依月限斷之

二卷終

新鍥希夷陳先生紫微斗數全書卷之四

二兄弟

紫微有倚靠年長之兄天府同三八天和同三四人破軍同加
有三人或各胞生加羊陀火鈴空刼煞害有則欠和
天機廟旺有二人與巨門同一人陷地相背不一心天梁同二
人太陰同一三人見羊陀火鈴雖有而刑害
太陽廟旺三人與巨門同無殺加有三人太陰同五人陷地不
和欠力加羊陀火鈴空刼更兇減半
武曲廟旺有二人更不合陷宮加殺只一人天相同二人破軍

七殺同有一人不和睦加昌曲左右有三人見羊陀火鈴空刼孤單
天同入廟四五人天梁同二三人巨門同無殺三人太陰同四
五人陷地只二人見羊陀火鈴空刼忌少宜分居不和
廉貞入廟二人貪狼同招怨天相同二人七殺同一人天府同
加左右昌曲有三人見羊陀火鈴空刼有兇且不和
天府有五人紫微同加左右昌曲有六七人廉貞同三人見羊
陀火鈴空刼只二人
太陰入廟兄弟五人太陽同亦五六人天機同二人科權同四
五人見羊陀火鈴空刼減半且兇宜分居相背

貪狼廟旺二人陷地宜各胞廉貞同不和紫微同有三人加羊
陀火鈴空刼孤單
巨門廟旺二人陷地各胞有宜分居太陽同加左右昌曲有三
人天機同有二人更乖違不一心天同二三人加羊陀火鈴空刼孤剋
天相和平有二三人見殺全無紫微同有三四人武曲同二人
廉貞同二人見羊陀火鈴空刼孤單
天梁廟旺二人和順或多不同胞且不和陷宮全無天同同三
人天機同二人見羊陀火鈴空刼少
七殺主孤剋在子午寅申宮方有三人也不和宜各人加昌曲左右更好

破軍入廟三人陷地加殺孤單武曲同二人紫微同二人廉貞
同一人加昌曲左右有三人和睦加羊陀火鈴空刼孤單
文昌文曲諸宮皆有三人見羊陀火鈴廟旺不剋陷宮孤單加空刼全無
左輔有三人同天同昌曲有四五人加羊陀火鈴二人有空刼欠力不和
右弼三人同府相紫微昌曲有四五人加羊陀火鈴欠力不和睦
祿存相生有兄弟見殺剋害招怨
羊陀剋害入廟一人衆吉星加有二三人陷地全無
火星入廟逐有吉星有一二人加廉殺破鈴孤剋
鈴星入廟相生有兄弟加羊陀火空刼全無

斗君逢在兄弟宮過度逢吉星兄弟一年和睦逢凶殺有刑若
不見刑主有兄弟爭鬬
○二妻妾
紫微晚聘諧老性剛天府同諧老天相同宜年少破軍同剋刑
加羊陀火鈴亦刑貪狼同有吉星免刑
天機宜年少剛強之妻可配夫宜長加羊陀火鈴主生離晚娶
吉天梁同宜年長太陰同內助美容
太陽廟旺遲娶吉早娶剋因妻得貴與天梁同加左右招賢助
之妻太陰同內助巨門同無羊陀火鈴空劫不剋有此四殺反空劫定剋遇此非禮成婚

武曲背剋宜遲娶同年夫婦也相當加吉星因妻得財凶娶因
妻去産貪狼同招遲無刑七殺同剋二三妻加羊陀火鈴空劫更剋
天同遲娶諧老夫宜長妻宜少加四殺欠和生離巨門同加四
殺亦剋太陰同助美容天梁同極美夫婦
廉貞二度作新郎貪狼同愈剋七殺同亦刑且欠和加羊陀
火鈴主生離天府諧老性剛者無剋
太陽相生寵愛夫主貴見羊陀火鈴空劫遲娶免刑晚娶得諧老
太陰入廟男女得貴美夫婦加昌曲極美加羊陀火鈴空劫耗
忌不剋主生離太陽同諧老天同同內助天機同美好少年宜

貪狼男女不得美三次作新郎入廟宜遲娶廉貞同主尅加羊
陀火鈴主生離紫微同年長方可對
巨門宜年長定尅欠和太陽同無四殺加諸老天機同內助美
貌天同同性聰之妻垂頭加羊陀火鈴空劫或定尅二妻或主生離
天相貌美賢淑夫宜年長親上成親紫微同諧老武曲少和廉
貞同入廟免刑加羊陀火鈴空劫刑尅
天梁妻宜大美容天同同和氣天機招美淑加羊陀火鈴空劫終不和順
七殺早尅武曲同亦尅或遲娶免刑廉貞主生離加羊陀火鈴空劫尅三妻
破軍男女俱尅早娶主生離武曲同尅三廉貞亦尅且欠和紫

微同宜年長之妻
文昌妻少內助聰明　天機太陰同主美容不宜陷地加羊陀火鈴空劫深忌
文曲相生會太陰諸吉星諧老同昌曲妻妾多加羊陀火鈴空
劫忌星有尅
祿存相生無尅妻宜年少垂頭遲娶者加羊陀火鈴空劫見祿路空亡孤單
左輔右弼諧老加羊陀火鈴空劫貪廉同宜年長剛強之妻羊
陀入廟加吉星遲娶免刑或欠和陷地早尅加日月巨機火鈴武殺主生離
火鈴星入廟加吉無刑陷地刑尅
天魁天鉞多主夫婦美麗

天馬坐妻宮必主得妻財加吉星同主貴矣大婦
斗君過度在妻宮逢吉星主妻美無災魁逢惡星主妻有災厄
又看人本命妻宮若魁妻者的主其年剋傷妻亥君不剋者其所具年有災

○四子女

凡看子女先看本宮星宿主有幾子若加羊陀火鈴空劫殺忌主生子女有刑剋次看對宮有冲刑否如本宮無星曜專看對宮有何星宿主有幾子若善星實星守子女宮必主其人生子昌盛貴顯若惡星又同刑殺守子女宮不是刑剋主生強横破蕩之子又看三方四正得南斗星多主多生男北斗

星多主多生女若太陽落在陽宮主先生男太陰落在陰宮主先生女專看刑殺守本宮無制化相生必然絕祀口生最怕太陰

臨夜生最怕太陽照此星若在兒女宮防君到老無兒叫

紫微廟旺男三女二加左右昌曲有五人加羊陀火鈴劫空只一雙不然偏室生者多或招祀子居長破軍同三人天府同加吉星四五人加昌曲左右有貴子若獨守再加空劫爲孤君

天機廟旺二人或庶生多巨門同一人天梁同在寅宮有二三人在申宮女多男少只可一子太陰同二三人加羊陀火鈴劫空全無子

太陽入廟男三女二晚子貴巨門同三人太陰同五人陷地有

三子不成器再加羊陀火鈴空劫止留一子送終

武曲主一子或側室生者多破軍同主刑止有一人加羊陀火鈴空劫絕祀貪狼晚招二子天相同先招外子後親生一子七殺同主孤或傷殘之子

天同廟旺五子有貴巨門同三人太陰同五人在午宮陷地減半天梁同先女後男有二子守在申宮只可留一子送終在寅宮加吉星有三子加羊陀火鈴空劫見刑尅子少送終

廉貞一人天府同主貴子三人若貪狼破軍七殺同主孤再加羊陀火鈴空劫全無天相同有二子

天府五人武曲同二人紫微同四五人廉貞同三人加羊陀火鈴空劫止三人

太陰女三男二先女後男廟旺有貴子陷地減半招軟弱之子或虛花不成器太陽同五人天機同二人天同同五人廟地無魁陷宮有魁加羊陀火鈴空劫子少

貪狼廟旺二人早有刑尅紫微同三人廉貞同子少加吉星一人武曲同二人先難後易

巨門入廟二人先難後易太陽同居頭一二子易養加羊陀火鈴子少天機同一人有吉星同二人加空劫全無

天相無羊陀火鈴同有二子成器有殺先招祀子居長親生一二子紫微同人加昌曲左右有三四人武曲同有二人見羊陀火鈴空劫必尅宜偏室生

天梁廟旺二人加羊陀火鈴空刧旱魁天同同加昌曲左右吉
星有三人天機同有二人加羊陀火鈴空刧全無
七殺主孤一人之分紫微同再吉星有三人見羊陀火鈴空刧
全無縱有不成器必強横敗家之子
破軍入廟三人剛強之子紫微同三人武曲同加昌曲左右有
三人廉貞同一人見羊鈴相生有制無刑見空刧火陀子少
左輔單守男三女一 與紫微天府諸吉星主貴子見殺羊陀火鈴空刧止二人有也不成器
右弼三人加吉星有貴子見羊陀火鈴空刧減半
文昌三人加吉星更多有擎陀火鈴空刧只可一子之分

文曲廟旺有四人陷地有二三人加擎羊羅陀火鈴子少
祿存主孤宜庶出一螟蛉之子加吉星有一人 加火星諸殺孤刑
羊陀陷宮孤單加吉星廟旺有一人如對宮有吉星多無殺冲
亦有三四人見耗殺忌在本宮絕嗣
火星逢吉同不孤陷宮加殺刑傷
鈴星獨守孤單加吉星入廟可許庶出看對宮吉多二三人
魁鉞單守主有貴子
斗君在子女宮過度逢吉子女昌盛逢凶刑剋或子破家

○五財帛

紫微豐足倉廂加羊陀火鈴空劫不旺破軍同先難後易天相
相財帛蓄積天府同富足終身保守加廉貞同爲財帛之宮七殺同加吉財帛橫發
天機勞心費力生財巨門同鬧中求取天梁同機關巧計生涯
財太陰同陷宮成敗加羊陀火鈴空劫一生有成有敗
太陽入廟豐足陷宮勞碌不遂太陰同加左右吉星發財不小
祿存同操心得財致大富巨門同早年成敗中末充盈
武曲豐足化吉有巨萬家資無吉加亦鬧中進財破軍同東奔
西走先無後有天相同財帛豐盈遇貴生財成家七殺同白
手生財成家貪狼同三十年後方發財加羊陀火鈴不聚極怕空亡

天同白手生財晚發巨門同財氣進退天梁同財大旺加四煞
空劫或九流入生財成家
廉貞在申寅官鬧中生財陷宮先難後遂貪狼生橫發橫破是
羊火極生橫進之財七殺同鬧中取天相同富足倉廂加耗劫天空常在官府中破財
天府富足見羊陀火鈴空劫有成敗紫微同巨積廉貞武曲同加權祿爲富奢矜
太陰入廟富足倉廂陷宮成敗不聚太陽同先少後多天機同
白手生財成家天同同財旺生身祿存兼左右同主大富
貪狼廟旺橫發陷地貧寒紫微同守現成家計自後更豐盈見火星三十年前成敗三十年後橫發
巨門白手生財成家宜鬧中取氣高之人橫破太陽同不廟

見成家討天機同財氣生身所作不一天同同白手成家九
流入吉加羊陀火鈴空刼破敗多端
大梁富足入廟上等富貴陷宮辛勤求財度日天同同白手生
財勝祖天機同勞心用力發財不多更改力見成家加羊陀火鈴空刼先難後遂僅足度日
天相富足紫微同財氣橫進武曲同加四殺百工生財廉貞同
商賈生財加羊陀火鈴空刼耗忌成敗無積聚
破軍在子午宮多有金銀寶貝蓄積辰戌丑宮亦財盛陷宮破
祖不聚武曲同守巳亥宮東來西去紫微同先去後生廉貞
同勞祿生財先難後遂加空刼極貧

紫微斗數 卷之三 九 文光堂

文昌富足倉廂加吉星財氣旺巨門同富陷地將同陀火鈴空敗寒儒苦
文曲入廟富足加吉星得貴人財加羊陀火鈴空刼家忌東來西去成敗不遂
左輔右弼諸宮富足會諸吉星得貴人財加羊陀火鈴空刼耗忌主成敗而不聚
祿存富足倉箱堆金積玉加吉美不待勞而財自足加羊陀火
鈴空刼耗忌先無後有
擎羊辰戌丑未宮鬧中生財陷地破祖不聚終身不能發達只魚鹽垢污中生財
陀羅鬧中生財陷宮辛勤求財度日加空刼東來西去
火星獨守橫發橫破陷宮辛勤加吉星財多遂志
鈴星入廟獨守橫發陷地孤寒辛苦度日

魁鉞主清高中生財一生遂意

斗君遇吉其月發財遇凶惡空劫耗忌星其月損財招口舌宮非爲財而起

○六疾厄

先看命宮星曜落陷加羊陀火鈴空劫化忌守照如何又看疾厄宮星曜善惡廟旺落陷如何斷之

紫微災少天府同亦少天相同皮加勞加加破軍血氣不和同羊鈴主有暗疾加空劫主瘋疾心氣疾

天機殺祿多災陷地頭面破相巨門同血氣疾天梁同下部疾

太陰同瘡災加羊火陷宮有目疾四肢無力

太陽頭瘋太陰同加化忌羊陀主眼目有傷陷宮亦主目疾欠光明

武曲殺祿災迍手足頭面有傷羊陀同一生常有災天相同招暗疾七殺同血疾貪狼同廟旺無疾陷地加四殺眼手足疾痔疾瘋癱

天同入廟災少巨門同心氣疾太陰同加羊火血氣疾天梁同加四殺心氣疾

廉貞殺祿災瘡腰足之疾入廟加吉平和遇貪狼同陷地眼疾災多七殺破軍天府同災少

天府災少臨災有救紫微同災少加羊陀火鈴空劫有瘋疾廉貞同加劫殺空亡半途傷殘

太陰廟旺無災陷地災多主癆傷之症女人主有傷殘若太陽同加吉美一生災少同羊陀火鈴眼目疾加空劫有瘋疾天同同加羊陀陷宮主加症同火鈴多災

巨門少年膿血之厄太陽同有頭瘋症天同同下部主有瘋症
加羊火酒色之疾加忌有耳目之憂
天相災少面皮黃腫血氣之疾紫微同災少武曲同加四殺破相廉貞同加空劫手足傷
七殺幼年多災長主痔疾武曲同加四殺手足傷殘廉貞同主目疾加擎羊四肢有傷殘
破軍幼年瘡癩膿血羸黃武曲同目視疾紫微同災少廉貞同
加羊火四肢有傷殘
文昌獨守災少加羊陀火鈴空劫災多同諸吉星一生無災
文曲災少加吉星一世無災加羊陀火鈴空劫坐陷宮災有
左輔獨守平和加吉星災少見羊陀火鈴空劫常有災

右弼獨守逢災有救見羊陀火鈴空劫災多
祿存少年多災加吉星災少見羊陀火鈴四肢必傷殘加空劫致暗疾延生
擎羊有頭瘋之症或四肢欠力頭面破相延壽加吉星災少
羅陀幼年災磨唇齒頭面有傷破方可延壽
羊鈴主一生災少身體徒旺伶俐
斗君遇吉身心安寧其年無災遇凶殺本生人有畏忌其年災多
○七遷移
紫微同左右出外貴人扶持發福天府同出入通達天相同在
外發財破軍同貴人見愛小人不足加羊陀火鈴空劫在外不安寧

天機出外遇貴居家有是非巨門同動中則吉天梁同出外稠
意太陰同忙中吉加羊陀火鈴在外多是非身不安靜
太陽宜出外發福不耐靜守太陰同出外忙中吉巨門同勞心
加羊陀火鈴空劫在外心身不清閑
武曲鬧忙中進步不宜靜守貪狼同作巨商七殺破軍同身心
不得靜守加羊陀火鈴在外多招是非
天同出外遇貴人扶持巨門同勞心太陰同辛苦天梁同貴人
見愛加羊陀火鈴空劫在外少遂志
廉貞出外通達近貴在家日少貪狼同鬧中立腳七殺同在外

廣招財天相同動中則吉加羊陀併三方有凶殺死於外道
天府出外遇貴人扶持同紫微發福廉貞武曲鬧中取財作巨商
太陰入廟出外遇貴發財陷宮招是非太陽同極美太陰同欠
寧靜天同同在廟旺地出外白手生財成家
貪狼獨守在外勞祿鬧中橫進財廉貞同加四殺在外艱難武
曲同作巨商加羊陀火鈴空劫耗殺流年遭兵盜劫掠
巨門出外勞心不安與人不足多是非加羊陀火鈴空劫愈甚
天相出外貴人提攜紫微同吉利武曲同在外發財廉貞同加
羊陀火鈴招是非小人不足

天梁出外近貴貴人成就天同同福厚天機同藝術途中走
七殺在外日多在家日少武曲同動中則吉廉貞同在外生財
紫微同在外多遂志加羊陀火鈴空劫又操心不寧東流蕩天涯
破軍出外勞心不寧入廟在外崢嶸加羊陀火鈴奔馳巧藝走
途中加文昌文曲武曲相會優倫之人
文昌出外遇貴發達小人不足加羊陀火鈴空劫在外欠寧
文曲在外近貴加吉星得財加羊陀火鈴少遂志
左輔動中貴人扶持發福加羊陀火鈴下人不足多招是非
右弼出外遇貴人扶持發達不宜靜守加羊陀火鈴空劫在外與人有爭競

祿存出外衣祿遂心會羊陀火鈴空劫與人多不足意
擎羊入廟在外衣祿遂心加吉星鬧中發財陷地有成下人多不足
陀羅會吉星在外遇貴得財陷地加羊火鈴星空劫下人不足多招是非
火星獨守出外不安加吉星鬧中進財加羊陀空劫招是非在外少遂志
鈴星有吉星同出外吉加羊陀空劫不足招是非
斗君過度遇吉動中吉遇凶殺動中有口舌
○八奴美
紫微成行得力旺主生財加擎羊火鈴陀羅欠力破軍同先難
後有招天相同得力加空劫招怨逃走

天機入廟得力陷宮怨主天梁同晚招太陰同欠力巨門同加吉星有奴婢加擎陀火鈴空刼全難

太陽入廟旺主發財陷宮無分有也怨主會走太陰同多招巨門同有多招怨加羊陀火鈴奴則背主

武曲旺宮不少一呼百諾天府同多奴多婢破軍同招怨會走木年有招天相同得力七殺同背主貪狠同欠力

天同得力旺相巨門先難後易太陰同得力天梁同助主加羊陀火鈴有背主之奴若見空刼則怨主會走

廉貞陷地奴背主晚年力招得入廟一呼百諾貪狠同欠力七殺同背主天同同多奴多婢加羊陀火鈴不旺會走

太陰廟地得力成行太陽同多奴多婢天機同欠力天同同旺主加羊陀火鈴空刼雖有而走陷地全無

天府得力一呼百諾紫微同助主天家武曲同奴僕多有加羊陀火鈴空刼多背主逃走

貪狼初難招敗主之奴陷地全無廉貞同亦少紫微同之奴僕加羊陀火鈴空刼雖有難育

巨門入廟早年不得力招是非不能久為太陽同助主衛家天同不一心天同同末年招得

天相末年招得紫微同多奴婢武曲同怨主廉貞同末年可招加羊陀火鈴空刼欠力逃走

天梁奴多旺主天同同有衛家之奴天機同不一心

七殺掀主有剛強之僕多爲家財武曲同背主廉貞欠力加羊
破軍入廟得力陷官招怨背主武曲同遁背紫微同得力廉貞陀火鈴空刼全難招
同欠力加羊陀火鈴空刼難招
文昌入廟獨守得力助主加羊陀火鈴空刼雖有背主
文曲入廟得力陷宮無分加羊陀火鈴空刼怨主逃走
左輔獨守旺相一呼百諾加羊陀火鈴空刼耗忌背主難招
右弼獨守成行加羊陀火鈴空刼耗忌背主盜財而走
祿存奴僕多加吉星衛主起家見羊陀火鈴忌耗欠力
擎羊背主招怨不得力有也不長久入廟旺年力可招

陀羅奴僕欠力怨主入廟加吉星有分
火星獨守怨主不得力加吉星入廟可招一二
鈴星獨守不得力恨主會吉星入廟助主衛家加空刼耗忌全欠力
斗君過度逢吉星則奴僕歸順逢凶忌耗殺或恨主而走或因奴僕而招是非

○九官祿

紫微廟旺遇左右昌曲魁鉞軒勝位至封侯伯加羊陀火鈴平
常天府同權貴名利兩全天相同內外權貴清正破軍同閣中安身
天機入廟權貴會文曲爲長巨見羊陀火鈴方宜天梁同文武
之材太陰同名振邊夷陷宮退官失職吏員並鄉

太陽入廟文武爲良不見羊陀火鈴吉太陰同貴顯左右昌曲
魁鉞同更加科權祿定居一品之貴
武曲入廟與昌曲左右同宮武職崢嶸常人發福會科權祿爲
財賦之官貪狼同爲貪污之官破軍同軍旅內出身與安身七殺同橫立功名陷宮及陀鈴劫忌功名無分
天同入廟文武皆宜無羊陀火鈴吉巨門同先小後大太陽昌
曲科權祿吉美天梁同權貴太陰同陷宮胥吏論
梂吉入廟武職權貴不耐久貪狼同鬧中權貴紫微會三方文
職論七殺同軍旅出身天相天府同衣錦富貴
天府入廟文武皆吉無羊陀火鈴空耗全美紫微同文武聲名

廉貞武曲同權貴見空劫平常
太陰入廟多貴陷地氣高橫破難顯達會太陽昌曲左右三品
之貴天同同文武皆宜天機同鬧中進身吏員立鄉
貪狼入廟遇火鈴武職掌大權紫微同文武之職權貴非小陷
宮貪污之官加羊陀空劫平常
巨門入廟武職權貴文人不耐久太陽同有進退入廟久長天
機同在卯宮吉美在酉宮雖美無始終陷宮遭悔吝加羊陀火鈴空劫更不美退官卸職
天相入廟文武皆宜食祿千鍾陷地成敗紫微同權貴昌曲左
右同權顯榮貴武曲同邊夷之職廉貞同崢嶸權貴加羊陀火鈴空劫有貶謫

天梁廟午會左右魁鉞文武之材天同同權貴不小天機同峥
嶸貴顯加羊陀火鈴空刼平常
七殺廟旺武職峥嶸權貴非小不宜文人武曲同權貴廉貞同功名顯達
破軍廟旺武職軒勝武曲同加權祿文昌文曲顯達加羊陀火
鈴平常紫微同宮名振揚廉貞同文人不耐久胥吏最美
文昌入廟太陽同加吉科權祿文武之材同天府文曲富貴雙全
文曲廟旺文武皆宜陷宮與天機太陰同宮胥吏權貴會紫府
左右近君顏而執政加羊陀火鈴空刼平常
左輔入廟文武之材武職最旺不利文人會吉星身中清文武

皆良見羊陀火鈴空刼進退聲名
右弼宜居武職不利文人與紫府昌曲同財官雙美陷宮成敗
有貶謫見羊陀火鈴空刼亦有黜降
祿存會吉文武皆良財官雙美子孫爵秩諸宮為美
擎羊入廟最利武職同吉星權貴陷地平常虛名而已
陀羅獨守平常加吉星亦虛名而已
火星晚年功名遂心早年成敗會紫微貪狼吉陷地不美
鈴星獨守旺宮吉陷地不美加諸吉星權貴
斗君過吉其年月財官旺逢凶忌財官不顯達有勞碌奔波

定公卿

輔弼星纏帝座中　高官三品入朝中　空亡惡殺三方見
只是虛名受蔭封

定兩官府

昌曲二曜最難逢　建節封侯袞繡中　若然凶殺來臨破
須然好處也成凶

定文官

文官昌曲掛朝衣　官祿之中喜有之　紫相更兼權祿至
定居風憲肅朝儀

定武官

將軍武曜最為良　帝座權衡在祿鄉　輔弼二星兼拱照
金章玉帶佐皇王

定曹吏

太陽化吉在陽宮　更有光輝始不凶　若逢紫微兼左右
一生曹吏逞英雄

十田宅

紫微茂盛自置田相加羊陀火鈴空劫有買有去破軍同退祖
天相同有見成家業得左右昌曲夾輔大富田庄

天機退祖新創置巨門同在卯宮有田園在酉宮不守祖業先大後小天梁同有置號年富太陰同自置旺相

太陽入廟得祖業初旺末平太陰同加吉星田多巨門同在寅宮旺盛在申宮退祖不爲無田產陷地逢羊陀火鈴空劫全無

武曲單居旺地得祖父大業陷地退後方成破軍大耗同破蕩家產有也不耐久天相同先見破後方有七殺同心不欲天府同守見成家業貪狼同晚置見火鈴星同極美田產茂盛同空劫有進有退

天同先少後多自置甚旺巨門同田少太陰同入廟大富天梁同先退後進加羊陀火鈴空忌全無

廉貞破祖貪狼同有祖業不耐久七殺同自置天府同守見成家業天相同先無後有

天府田園茂盛守祖自置旺相紫微同大富廉貞武曲同守祖榮昌見羊陀火鈴空劫更少有成敗

太陰入廟田多陷地加忌及羊陀火鈴空劫田全無天機同自創置天同同白手自置同左右權祿及祿存主多田產

貪狼陷宮退祖一世田少廟旺有祖業也去中末自有置廉貞同無分紫微同有祖業武曲同晚置見火鈴星守祖業有自創但逢火發屋宅

巨門廟旺橫發置買陷地無分因田產招非大陽尚先無後有加羊陀火鈴空劫田宅全無

天相廟旺有分紫微同自置武曲同無分廉貞加羊陀火鈴空刼飄零祖業

天梁入廟旺有祖業天同同先難後易天機同空刼不見羊陀火鈴終有田宅

破軍在子午宮守祖業榮昌但見有進退加羊陀火鈴退祖田

少紫微同有見成家業廉貞同先破後有置耗忌全無

文昌會諸吉田園廣置加羊陀火鈴空刼敗祖

文曲旺地有分守祖業加吉星自置同羊陀火鈴空刼湊有進有退

左輔有祖業加羊陀火鈴空刼退祖田地少會吉星多

祿存田園多旺自置會吉星承祖業榮昌加羊陀火鈴空刼田宅少

擎羊入廟先破後成陷地加空刼退祖業

陀羅退祖辛勤度日加吉星先無後有加空刼全無

火星獨守退祖業會吉星先無後有加空刼全無

鈴星退祖入廟加吉星自有置見空刼全無

斗君過度遇吉星其年田產倍進逢凶殺忌耗退敗

○十一福德

紫微福厚享福安樂天府天相同終身獲吉破軍同勞心費力

不安加羊陀火鈴空刼福薄天機同享福終身

天機先勞後逸巨門同勞力欠安天梁同享福太陰同主快樂

加羊陀火鈴空刼奔走不得寧靜

太陽忙中發福太陰同快樂巨門同費力欠安天梁同快樂女
人會吉星招賢明之夫享福加羊陀火鈴空刼耗忌（終身不美之論）
武曲勞心費力入廟安然享福破軍同東走西行不寧靜天相
同老境安康七殺同欠安安貪狼同晚年享福見火鈴星安
逸加羊陀操心得力
天同快樂有福有壽巨門同多憂少喜太陰同享福（天梁同清閑快樂）
廉貞獨守忙中生福天相同有福有壽天府同安樂無憂破軍
同不守靜勞心費力再加羊陀火鈴勞苦終身末年如意
天府安靜享福紫微同快樂廉貞同身安心忙武曲同早年更

辛苦中晚安樂享福加羊陀火鈴空刼耗忌勞苦過日
太陰入廟享福快樂太陽同極美僧道亦清潔享福天機同心
忙天同同安靜無憂加羊陀火鈴空刼有憂有喜不得安靜
貪狼勞心不安廉貞同福薄紫微同晚年快樂
巨門勞力不安太陽同有憂有喜天機同心忙不安天同同享
福加羊陀火鈴空刼生平多憂
天相安逸享福有壽紫微同（快樂天機同陷中吉太陽同福壽雙全加羊陀火鈴空刼不得心靜）
七殺入廟享福陷地加羊陀火鈴勞心費力武曲同欠安廉貞
同辛勤紫微同先勞後逸末年方如意遂心（女人單居福德則必爲娼婢）

破軍勞心費力　武曲同欠安　廉貞同辛勤　紫微同安樂加羊陀

火鈴空劫操心不得寧靜

文昌加吉星入廟享福快樂　陷地遇羊陀火鈴空劫心身俱不得安靜

左輔加吉星享福獨守晚年安寧加羊陀火鈴空劫辛勤

右弼生平福祿全美加吉星　一生少憂見羊陀火鈴空劫奔勞心欠安

祿存終身福厚安靜處世加吉星有喜有福見羊陀火鈴空劫心身不得寧靜

魁鉞有貴人爲伴享福快樂

擎羊入廟動中有福陷宮勞心欠力得吉星同減憂獨守身心不安

陀羅獨守辛勤入廟有福祿陷地奔馳加吉星晚年有福

火星欠安勞力辛勤加吉星晚年遂志

鈴星勞苦加吉星平和獨守辛勤

斗君遇吉其年安靜逢凶殺欠寧

歲君大小二限不過逢吉則享福逢凶則勞力辛苦

○十二父母

凡看父母以太陽星爲父太陰星爲母太陽在陷宮主先尅父太陰在陷宮主先尅母如二星俱在陷地只以人之本生時日生者主父存夜生者主母在若夜生者太陰星主母存反背不明主母先尅日生時者主父在反背晦主父先尅余

試之屢驗矣學者宜心識之先看本宮（某）星主刑尅又加惡殺的以刑尅斷之據理參詳在乎人之自悟耳

紫微無尅天府同亦無刑加羊陀火鈴空刼亦尅天相同無刑

貪狼同無殺加亦無刑破軍同早尅

天機廟旺無刑陷地逢羊陀火鈴空刼二姓寄居重拜父母或過房入贅太陰同免刑天梁同無刑（俱要無殺加有殺加也不免刑傷巨門同早刑）

太陽入廟無尅陷地尅父加羊陀火鈴空刼尅父母早太陰同看無羊陀奏父母全遲刑巨門同加四殺空刼尅早（天梁同無刑）

武曲尅早退祖業不刑貪狼同刑尅七殺同（有刑天相同加羊陀火鈴空刼刑傷）

紫微斗數　卷之三　二三　文光堂

天同獨守廟旺無刑加四殺重拜父母巨門同欠和太陰同父母雙全天梁同無刑或退祖業加羊陀火鈴空刼父母不全

廉貞難爲父母棄祖重拜貪狼同早刑七殺孤尅天府同免刑

破軍同刑早加羊陀火鈴空父母俱不周全

天府父母雙全紫微同亦無刑廉貞武曲同（在廟旺無刑加羊陀火鈴空刼主傷）

太陰入廟無尅加羊陀火鈴尅母不然過房棄祖太陽同無四殺父母雙全天機同無刑天同同極美

貪狼陷地早棄祖重拜過房入贅廉貞同早刑（主孤單紫微同無殺加雙全）

巨門陷地傷尅棄祖過不陽同少和天機同重拜天同同或退

祖無刑加羊陀火鈴空刼父母不周全
天相廟旺無刑紫微同無刑武曲同刑尅廉貞同亦刑加羊陀
火鈴空刼早刑
天梁陷地加羊陀火鈴孤尅棄祖入贅更名寄入保養免刑天
同同加四殺有刑無殺無刑天機同無刑太陽同尅遲加四殺空刼亦尅早
七殺尅早離祖六親骨肉孤獨武曲同亦刑廉貞同刑早紫微
同加吉星無刑加羊陀火鈴空刼父母不周全
破軍尅早離祖更名寄養免刑武曲同尅早廉貞同亦早尅紫微同無刑
文昌加吉星入廟無刑加羊陀火鈴有刑或退祖二姓延生

文曲獨守入廟無刑加羊陀火鈴空刼父母俱不周全
左輔獨守無刑廉貞同早刑加文昌相生無刑加羊陀火鈴刑傷退祖二姓延生
右弼獨守無刑加吉星得父母庇蔭見羊陀火鈴湊離祖二姓安居
祿存無尅加空刼羊陀火鈴早年有破父財且刑傷中不自成家計
擎羊刑尅早會日月重重退祖加吉星衆免刑
陀羅幼年刑傷會日月重重退祖二姓安居加吉星入贅過房或重拜二姓延生
火星獨守孤尅二姓延生加吉星平和
鈴星刑尅孤單二姓安居重拜父母入贅過房
魁鉞主父母榮貴同吉星雙全

斗君過度逢吉父母吉利無災傷得安逸內外有喜逢凶則父母不利

譚星要論

先看

看身命祿馬不落空亡天空截空最緊旬空次之第一看命主吉凶廟旺化吉化忌生尅次看身主吉凶生尅三看遷移財帛官祿三方星辰刑冲尅破四看福德官權祿刧空廟陷以福德對財帛官也身命遷移財官福德六宮名曰八座俱在廟旺聚吉化吉富貴高壽六宮俱陷聚凶化忌夭壽貧孤若卯酉時生人者尤外有田宅疾厄已錄於后又看父母妻子三宮俱有刧空殺忌僧道之命否則孤獨貧窮若命宮無正

曜者財官二宮有吉星拱照富貴全美或偏房庶母所生三方有惡星冲照或二姓可延生離祖可保成家如命宮有正曜吉星廟旺化吉三方又有吉星會合上上之命如無正曜吉星三方有吉上次之命命宮星辰無吉無凶或吉凶相半者如三方亦有中等星辰為中格及命宮星辰入廟旺三方有惡星守照破格及命星陷背加羊陀化忌刧得十干祿元來相守化吉亦為中等之命若命無吉星返有凶殺化忌無祿落陷為下格之命三方有吉星亦可為中等先小後大不能久遠終為成敗夭折論若安命星纏陷地又加凶殺化忌

三方又會羊陀火鈴空刼為下格貧賤（二姓延生奴僕之命否則夭折六畜之命）

○論入命入格

如命入格廟旺聚吉科權祿守上上之命不入廟加吉化吉科權祿上次之命不入廟不加吉平常命入廟不加吉平等若居陷地又加殺化忌為下格之命不以入格而論也又入格不化吉而化凶只以本命吉凶多寡而斷之

○論格星數高下

紫府與數相合何如紫微南北斗中天帝主天府乃南斗主又有陰陽相半者若陰陽不相半又數不相生為下格陰陽純

一為中格又三方四正皆吉星為上格吉凶相半守照為中格純是惡殺為下格凶徒論凡星得上格而數得上格為第一人臣星得上格而數得中格為第二位至三公星得上格而數得下格為第三位至六卿皆為上格上壽之人星得中格而數得上格為第四位至監司星中數中為第五位至縣令星中數下為第六異路前程貴顯皆為中等享福之人也又星得下格而數得上格為第七衣祿豐足富比陶朱子孫蕃盛壽享遐齡以星雖凶而又入格合局故也再否虛名虛利星下數中為第八衣食無虧星下數下為第九辛苦奔波

貧窮夭折上中下三等依理而斷也則上可以知祖宗之源

而下可以知子孫之昌盛也

○論男女命同異

男女命不同星辰各別男命先看身命次看財帛官祿遷移俱要廟旺爲吉敗陷聚凶爲凶三看福德權祿劫空廟陷吉忌外看田宅妻妾疾厄宮吉凶已錄於後又看父母妻子三宮俱有劫空殺忌則僧道之命（否則貧窮孤獨須要仔細參詳方可斷人禍福榮枯）

女命先看身命吉凶如貪狼七殺擎羊則不美次看福德宮吉凶若七殺單居福德必爲娼婢三看夫君四看子媳財帛田

宅若桃花刑殺要敗絕空亡爲吉若諸吉廟旺不佳雖是貌辛貧困亦不爲下賤夭折論女因夫貴女命貴格反爲無用以子媳夫君福德爲正強田宅財帛爲次強（以官祿遷移七宮爲陷）

○論小兒命

小兒博士力士上短下長青龍將軍腮小頭圓大耗鼻仰唇縮死符病符聲高性雄官府奏書逢惡曜落地無聲白虎太歲過七殺幼弱遭傷須分生尅制化之垣更看時祿之衰之地後觀關殺方知壽夭窮通

凡小兒初生命中星辰廟旺大小二限未行斷其災少易養父

母無剋若命坐惡殺及纏陷地大小二限未行則其父多難養刑剋父母

○定小兒生時訣

子午卯酉單頂門　或偏左邊二三分　寅申巳亥亦單頂

偏右去始爲眞　辰戌丑未是雙頂　胞胎受定正時辰

又

子午卯酉面向天　寅申巳亥側身眠　辰戌丑未臉伏地

臨盆當試用心堅

○論人生時安命吉凶

凡男女生在寅午戌申子辰六陽時安命在此六宮者吉生在

巳酉丑亥卯未六陰時安命在此六陰宮者吉反此則少遂

○論人生時要審的確

如人生子亥二時最難定準要仔細推詳如子時有十刻上五

刻屬昨夜亥時下五刻屬今日子時如天氣陰雨之際必須

羅經以定眞確時候若差訛則命不準矣

○論小兒剋親

如寅午巳酉生人見辰戌丑未時最毒子申亥卯生人次之若

寅亥巳生人見午甲酉亥時主先剋父出十六歲則不防若

辰巳丑未生人見子午卯巳亥申酉生時者主先剋母、

○論命先貧後富

如人生於富貴之家一生快樂享福財官顯達妻榮子貴奴僕成行聲名昭著其間有半途遭傷人離財散官非火盜身喪家亡此等之命非命也刼是限步逢大小二限及太歲相冲照又加凶殺守臨故此破敗不貧即損壽也所謂先成後敗先大後小也

又有人命出身微賤營活生理百工巧藝九流醫術又爲農圃等輩初歷艱辛度日郤乃中末平地升騰發財驚駭鄉邦因生在中庸之局後因限步相扶星辰逢吉曜廟旺以此突然發達進祿所謂先貧後富先小後大是也

○論大限十年禍福何如

宮分星纏全吉廟旺得地無擎羊陀羅火鈴空刼者主十年安靜人財全美若限內有擎羊陀羅火鈴空刼忌星爲伴成敗不一如宮分星纏陷地值擎羊陀羅火鈴空刼忌又加流年惡殺湊合及小限巡逢凶殺則官災死亡立見大限將出有吉衆者無災悔少者災多損人破財不利凡行至寅申巳亥子午宮遇紫微天府天同太陽太陰昌曲祿存祿主吉星主人財興旺添丁進口之慶行至辰戌丑未卯酉遇惡殺廉貞天使羊陀火鈴空刼忌星主人酒色荒迷貧乏死生遇左右

昌曲任官遷官加職士民生子發財婦人喜事僧道亦利商賈得益凡大小二限及太歲怕行天傷天使夾地怕行天空地刼之地怕行擎羊陀羅之地及羊陀冲照怕脫凶限怕逢凶限又怕傷使刼空羊陀併夾歲限如天傷在子天使在寅歲限在丑宮乃併夾也羊陀命尚且無用況夾限乎君逃得過須看壽星紫微天同天梁貪狼坐命可解更須看月值惡殺日值惡殺加奏大小歲月日時五者恭詳吉凶推斷太歲行至奏書將軍直符天使天傷羊陀火鈴空刼忌星逢一二位至人離財散疾病喪泣之兆若歲限犯重月日一二位又

逢忌星合者官吏遭謫常人招橫事婦人損胎病者死亡若惡殺在不得地如風雨暴過若歲限臨無吉星命中無救其年難過必死

○論二限太歲吉凶

須詳大限獨守吉凶何如小限獨守吉凶何如太歲獨守吉凶何如歲限俱凶則凶又看大限與小限相逢吉凶何如大限逢太歲吉凶何如小限逢太歲吉凶何如禍福所定

又看太歲冲大限小限太歲冲羊陀七殺然後可斷吉凶

○論行限分南北斗

陽男陰女南斗為福　陰男陽女北斗為福

北斗諸星吉凶大限斷上五年應小限斷上半年應
南斗諸星吉凶大限斷下五年應小限斷下半年應
○論流年太歲逢吉凶星殺
凡太歲看三方對照星辰吉凶何如以定禍福太歲在命宮行
者禍福尤緊如命在子宮太歲到子又癸生人逢吉則吉逢凶則凶
○論陰騭延壽
陰騭延壽生百福雖然倒限不遭傷假如有人大小二限及太
歲到凶陷地有延過壽去不死者還是其人曾行陰騭平日
利物濟人及身修德以作善降祥雖凶不害　如宋郊編荻橋

渡蟻是也又如諸葛亮火燒籐甲軍傷人太毒滅壽一紀以此參詳
○論羊陀迭併
如庚生人命在卯宮遷移在酉宮如遇羊陀流年亦庚祿居申
流年在酉流陀在未是命在卯宮原有酉宮擎羊冲合流年
又遇流年流陀謂之羊陀迭併
論七殺重逢
如命中三合原有七殺守照兩流年又遇流羊流陀冲照吉七
殺重逢二者為禍最毒入廟災晦減輕如陷地逢忌及卯酉
遇擎羊為閑宮午生人不利也然七殺逢吉曜聚亦轉凶化

吉不可一概論凶擎羊陀羅七殺逢紫微天相祿存三合拱照可解

詩　羊陀迭併命難逃　七殺重逢禍必遭

曰　太歲二限臨此地　十生九死不堅牢

○論大小二限星辰過十二宮遇十二支人所忌訣遇此主災悔官非孝服火盜破財刑傷死亡立見

人生子命忌寅申假如子年生人切忌寅申歲限·災悔至重及忌子午歲限相冲

丑午生人丑午嗔假如丑生人忌午丑歲限午生人亦忌丑午歲限及忌七殺星災悔極重

寅卯之人防巳亥假如寅卯人忌巳亥歲限及忌卯酉寅申相冲

蛇龍切忌本身臨假如巳生人忌逢巳年及忌行到巳限辰生人忌行辰年又忌行到辰限為天羅又忌行

到戌為地網限遇此主災悔疾厄之險官非破財憂悔連連

申人鈴火災殃重假如申生人忌逢火鈴二星必主災悔至重及忌寅年冲

未遇豬雞墓患殷假如未生人忌逢酉亥歲限又忌見擎羊在四墓宮

戌亥羊陀須避忌假如戌亥生人忌遇羊陀災重戌生人又忌行到戌宮歲限為地網又忌行到辰宮歲限為天羅為之辰戌相冲不美

酉人陀刃亦非親假如酉生人亦忌羊陀星歲限及忌行卯宮限及卯年歲君相冲

歌　猪犬生人莫遇陀　辰戌切忌到綱羅

曰　預先整頓衣冠木　未免生人唱挽歌

○論立命行限宮歌

歌曰

金人遇坎命須傷　木命逢離有禍殃
水遇艮宮應蹇滯　火來兌上禍難藏
土到東南逢震巽　須防膿血及驚慌
縱然吉曜相逢照　未免官災鬧一場

論太歲小限星辰廟陷遇十二宮中吉凶 依此判斷人行年災患應如神

子年太歲併小限到子宮入廟化吉
七殺破軍在子宮守歲限癸庚巳人發福
巨門天機乙癸生人發福
天府天相天梁丁巳庚生人財旺遂心

天同丙丁生人財官雙美
子年太歲併小限到子宮不入廟化凶
紫微在子宮守命及歲限丙戊壬生人悔吝破財災殃
子年太歲助值吉凶星
祿存天機天同太陰昌曲輔弼破軍天相廉貞武曲天府巨門七殺可斷其年人財兩美事事遂心若遇貪狼紫微天梁忌星太陽擎羊便斷人財耗散官災孝服本身災悔 不寧減半論之
丑年太歲併小限到丑宮入廟化吉
天機在丑守命丙辛生人發旺

天相戊生人發旺　太陰武曲丙戊生人發旺
天府廉貞戊生人發旺　天梁丙戊辛生人發旺

丑年太歲併小限到丑宮不入廟化凶

太歲在丑宮守命戊人悔吝　太陽星甲乙生人悔吝
天機丙辛癸生人悔吝　天同廉貞丁庚生人招官非

丑年太歲所值吉凶星

紫微天相天梁太陰天府祿存廉貞破軍昌曲天機輔弼可斷其年事事遂心若遇天同巨門武曲貪狼忌宿太陽擎羊便斷其年人財耗散官災口舌孝服本身遭悔減半論之

寅年太歲併小限到寅宮入廟化吉

紫微太陽武曲天梁七殺甲庚丁巳生人財官雙美

寅年太歲併小限到寅宮不入廟化凶

廉貞貪狼破軍在寅丙戊生人招官非　子生人不宜寅申歲限

寅年太歲所值吉凶星

紫微天府天機太陰武曲七殺天同天相太陽巨門天梁便斷其年人財進益作事遂心若遇貪狼陀忌便斷其年人財破散官非孝服本身見災減半論之

卯年太歲併小限到卯宮入廟化吉

紫微天機太陽天相天府天同武曲在命乙辛生人發旺
卯年太歲併小限到卯宮不入廟化凶　廉貞甲丙生人橫破
太陰甲乙生人財破災害庚生人亦不宜主災害
卯年太歲所値吉凶星
太陰天梁紫微天機天同天府貪狼巨門七殺卽斷其年人
財興旺婚姻喜事重重諸事稱心君遇廉貞破軍太陰天相
擎羊忌宿其年破財官災口舌本身見悔減半論之
辰年太歲併小限到辰宮入廟化吉
紫微貪狼七殺在辰宮守命限癸甲生人財官祿旺

天機太陽丁庚癸人財祿發旺　天同戊庚癸人順遂
巨門丙辛生人遂意
辰年太歲併小限到辰宮不入廟化凶
貪狼武曲在辰壬癸生人災悔　天同巨門丁庚生人災悔
廉貞壬癸生人主災悔至重　太陰太陽天機甲乙戊己生人災悔
辰年太歲所値吉凶星
太陽天機天梁七殺貪狼文昌左輔右弼便斷其年財祿大
進益家道更興隆添丁進口婚姻喜慶重重君遇紫微天同
廉貞天府太陰巨門天相破軍忌宿便斷其年破財孝服官非口舌

巳年太歲併小限到巳宮入廟化吉
紫微天府天同巨門天相天梁破軍丙戊辛生人發福
太陰天機丁壬辛丙生人發財　貪狼甲戊生人平平
巳年太歲併小限到巳宮不入廟化凶
巨門貪狼癸丙生人口舌災悔　太陰破軍災悔多端
巳年太歲所值吉凶星
紫微太陽天同天府天梁祿存便斷其年人財稱意喜事重
重若遇武曲廉貞太陰貪狼巨門天相破軍忌星便斷其年
人財損失官災口舌本身病患減半論之

午年太歲併小限到午宮入廟化吉
紫微太陽武曲天同天梁廉貞七殺破軍丁巳甲癸生人進財遂心
午年太歲併小限到午宮不入廟化凶
貪狼在午丙壬癸生人破財官災口舌
午年太歲所值吉凶星
紫微天府天機太陽武曲廉貞天相巨門天梁破軍祿存便
斷其年人財興旺婚姻喜事重見若值太陰貪狼天同羊陀
忌星便斷其年人財破敗官災口舌孝服本身災厄可免
未年太歲併小限到未宮入廟化吉

紫微天機天府天相天梁壬乙生人發福
太陰庚壬人發福生財
未年太歲併小限到未宮不入廟化凶
太陽甲乙生人多災悔　天同丁庚生人多災
武曲壬癸生人生災招官非橫禍
未年太歲所值吉凶星
紫微天府廉貞天機破軍天相便斷其年人財增益作事如意婚姻生育之喜若遇太陰太陽武曲天同貪狼巨門羊陀忌宿便斷其年人財耗散孝服官災陰人小口不寧本身災厄難免

申年太歲併小限到申宮入廟化吉
廉貞破軍紫微甲庚癸生人發福　巨門甲癸庚辛生人發福
天機丁甲癸生人發福庚生人亦發財福
申年太歲併小限到申宮不入廟化凶
天機乙戊生人災悔　巨門丁生人不宜　廉貞丙壬生人有災
天同甲庚生人災禍　貪狼癸丙生人有災禍
申年太歲所值吉凶星
紫微太陽廉貞天府巨門七殺文昌武曲祿存便斷其年人財利益喜事重重若遇天機天同天梁天相太陰破軍忌宿

便斷其年人財散失官非孝服本身災病

酉年太歲併小限到酉宮入廟化吉

紫微天梁太陰酉宮守命丙戊乙辛生人進財吉利

酉年太歲併小限到酉宮不入廟化凶

太陽天同甲乙生人不宜　武曲庚壬生人不宜　天相甲庚生人不宜

廉貞甲庚丙辛生人不宜　天府甲庚壬生人不宜

酉年太歲所值吉凶星

祿存太陰紫微天府昌曲左右便斷其年人財興旺作事遂

心若值天機巨門武曲廉貞擎羊陀忌便斷其年人離財散口舌官災

戌年太歲併小限到戌宮入廟化吉

紫微壬甲丁巳生人進財　太陰丁巳生人吉慶　武曲丁巳甲庚生人吉慶

天機甲乙丁巳生人發福　巨門丁巳辛癸生人發福

天同廉貞破軍七殺丁巳甲生人發財

戌年太歲併小限到戌宮不入廟化凶

貪狼癸生人不宜　天同庚生人不宜　天機戊生人不宜

巨門丁生人不宜　太陽甲生人不宜　廉貞丙生人不宜

武曲壬生人不宜

戌年太歲所值吉凶星

天機太陰天梁天府武曲七殺貪狼左右天同便斷其年人財利益作事遂心家道興隆如遇巨門太陽破軍紫微天相忌宿便斷其年人財退失孝服官災本身見病減半論之

亥年太歲併小限到亥宮入廟化吉

紫微天同巨門天梁壬癸戊生人吉慶　天機壬生人吉美

天相丁巳生人及丙戊生人發福　太陰戊巳生人財官雙美

亥年太歲併小限到亥宮不入廟化凶

廉貞丙壬癸生人不宜　武曲壬丙生人不宜　太陽甲生人不宜

亥年太歲所值吉凶星

天同太陰天梁紫微天府昌曲祿存便斷其年人財進益喜氣重重謀事俱稱心懷若遇廉貞破軍七殺便斷其年人財耗散小口死亡本身災悔

○論諸星同位垣各司所宜分別富貴貧賤夭壽

紫微　廟寅午丑未　旺申亥卯巳　平子　無陷

紫微居午無刑忌甲丁己命至公卿加刑忌平常刑乃擎羊也

紫微居子午科權祿照最為奇科權祿三方照是也為仰面朝斗格

紫微男亥女寅宮壬甲生人富貴同同男女同也

紫微卯酉刼空四殺多為脫俗之僧四殺羊陀火鈴也

紫微天府全依輔弼之功（紫府得輔弼同坐及三方拱照嘉會終身富貴）

紫府同宮無殺湊甲人享福終身（紫府同在寅申宮守命六甲人富貴）

紫府朝垣活祿逢終身福厚至三公（命坐寅申加吉星妙）

紫府同臨巳亥一朝富貴雙全

紫府日月居旺地必定出仕公卿器（紫午府丑無殺加又化祿是也）

紫府武曲臨財宅更兼權祿富奢翁（得左右祿存亦可）

紫微輔弼同宮一呼百諾居上品（或在三方爲吉在財帛宮則爲財賦之官）

紫府擎羊在巨商（得武曲居遷移者多）紫府夾命爲貴格

紫祿同宮日月照貴不可言（紫微祿存同宮日月三合拱照）

紫微昌曲富貴可期　紫微七殺化權反作禎祥

紫微太陰殺曜逢一生曹吏逞英雄

紫微破軍無左右無吉曜凶惡胥吏之徒

紫微武曲破軍會羊陀欺公禍亂（只宜經商）

紫微權祿遇羊陀雖獲吉而無道（爲人心術不正）

紫微七殺加空亡虛名受蔭

紫破命臨於辰戌丑未再加吉曜富貴堪期

紫破辰戌君臣不義（安祿山趙高命是也）

紫破貪狼爲至淫男女邪淫

女命紫微太陽星早遇賢夫信可憑
女命紫微在寅午申宮吉貞美旺夫益子陷地平常惟子酉
及巳亥加四殺美玉瑕玷日後不美

天府　廟子丑寅未　旺午酉辰戌　地卯巳申亥　無陷
天府戌宮無殺湊甲巳人腰金又且富加四殺有疵
天府天相天梁同君臣慶會
天府居午戌天相來朝甲人一品之貴
府相朝垣千鍾食祿命寅申府相在財帛官祿宮朝者上格別宮次之
天府祿存昌曲巨萬之資　天府昌曲左右高第恩榮
天府武曲居財宅更兼權祿富奢翁有左右祿存亦美

天相　廟子丑寅申　地巳未亥　陷卯酉
天相廉貞擎羊夾多招刑杖難逃終身不美招儧鰥只宜僧道
天相之星女命纏必當子貴及夫賢女命巳生子宮甲生午宮庚生辰宮俱是貴格
右弼天相福來臨女命天相右弼諸宮吉子宮癸生人寅宮癸巳生人申宮甲庚癸生人俱是貴格丑
未亥宮不貴子午卯酉皆少福

天梁　廟子寅辰午　旺丑未　地戌卯　陷申巳亥
天梁月曜女淫貧梁巳亥陰寅申主淫佚不陷衣祿遂如陷下賤
天梁守照吉相逢平生福壽在午位極佳

天梁居午位官資清顯朝堂 丁巳癸人合格

梁同機月寅申位一生吏業聰明 吉多不論

梁同己亥男多浪蕩女多淫 加刑忌殺奏多下賤

天梁太陽昌祿會臚傳第一名

天梁文曲居廟旺位至臺綱　梁武陰鈴擬作棟梁之客

梁宿太陰却作飄蓬之客 梁居酉月居巳是也

天梁天馬爲人飄蕩風流　天梁加吉坐遷移 巨商高賈加刑忌平常

天同 廟 卯己亥 旺 子甲 陷 丑未酉午

天同會吉壽元長　同月陷宮加殺重技藝羸黃

同貪羊陀居午位丙戊鎮禦邊疆 爲馬頭帶箭富且貴

天同戌宮化忌丁人命遇反爲佳

女命天同必是賢 子生人命坐寅辛人命卯丁人命戌入格丙辛人命中吉已亥逢此化吉雖美必淫

天機 廟 子午辰戌 旺 卯酉 陷 丑未

機梁會合善談兵居戌亦爲美論 孟子遷移戌宮有機梁

機梁守命加吉曜富貴慈祥 加刑忌僧道

機梁同照命身空偏宜僧道 機同留守命身又逢空亡

機梁七殺破軍冲羽客僧流命所逢 若兼帝座加太陽吉

機月同梁作吏人 命在寅申方論加吉亦不論無吉無殺亦是平常人加四殺空劫化忌宿爲下格

機梁貪月同殺會，暮夜經商無眠睡 遇凶星奔波
天機加惡殺同宮，狗偷鼠竊
天機巳宮酉逢，好飲離宗奸狡重
巨陷天機爲破格 女命在寅甲卯酉雖富貴不免淫慾下賤寅申守照福不全美
太陽 廟卯午 旺寅辰巳 陷戌亥子丑
日照雷門，子辰卯地書生富貴聲揚
太陽居午庚辛丁巳人富貴雙全
太陽文昌在官祿，皇殿朝班 文曲同亦然
太陽化忌，是非日有，目還傷

日落未申在命位，爲人先勤後懶
女命端正太陽星，早配賢夫信可憑 太陽守命陷平常居卯辰巳午無殺旺夫益子
太陰 廟亥子丑 旺酉戌 陷午寅辰巳卯
太陰居子丙丁富貴忠良 夜生人合局
太陰同文曲於妻宮，蟾宮折桂 文昌同亦然在身命巧藝之人
太陰武曲祿存同，左右相逢富貴翁
太陰羊陀必主人離財散
月朗天門於亥地，登雲職掌大權 子生人夜時生合局不貴則大富
月曜天梁女淫貧 太陰寅申巳多主淫貧或偏房侍婢若會文昌文曲同於夫宮必招配賢明之夫

太陽太陰拱照

日己月酉丑宮安命步蟾宮

日卯月亥安命未宮多折桂

日月同未命安丑侯伯之材

日月命身居丑未三方無吉反爲凶 子午辰戌身命更佳

日月守命不如照合並明 守命吉多主吉凶多主凶

日辰月戌並爭耀權祿非淺 若吉少亦不爲美之論

日月夾命夾財加吉曜不權則富 加羊陀冲守宜僧

日月最嫌反背 如日月同宮看人之生時日喜太陽夜宜太陰若反背日戌月辰日亥月巳日子月午若

陰陽左右合爲佳 出外離宗成家也吉勿槃以反背論

日月羊陀多尅親

日月陷宮逢惡殺勞碌奔波

日月更兼貪殺會男多奸盜女多淫

日月疾厄命宮空腰陀目瞽 如日月在疾厄宮逢空亡必主腰陀目瞽命宮亦然

文昌

文昌 (廟)巳酉丑 (地)申子辰 (失陷)寅午戌

文昌武曲爲人多學多能 四墓卯酉巳亥身命論三方科權祿

文科拱照賈誼年少登科 論三方

左輔文昌位至三台

文昌武曲於身命文武兼備 孫臏之命是也

文曲　廟 子辰巳酉丑　旺 亥卯未　陷 午戌

二曲廟垣逢左右將相之材 文曲宜子卯酉 武曲宜四墓

二曲旺宮威名赫奕 文曲子宮第一卯酉宮次之 武曲辰宮第一丑未宮次之

二曲貪狼午丑限防溺水之憂

文昌文曲

昌曲夾命最為奇 假若命在丑宮文昌在寅文曲在子是也不貴即富吉多方論此為貴格

昌曲臨於丑未時逢卯酉近天顏 貫論卜斷昌曲未宮命丑宮○在命兼化吉者方論

昌曲巳亥臨不貴即當大富

昌曲吉星居福德謂之玉軸天 更得紫微居午宮妙

昌曲陷宮凶殺破虛譽之隆 凶殺即羊陀劫空

昌曲陷於天傷顏回夭折 命有劫空羊陀迭併方論

昌曲巳辛壬生人限逢辰戌慮投河 如入廟吉大小二限俱到命坐辰戌者一星輕

昌曲廉貞於巳亥遭刑不善且虛誇 餘宮作事顛倒子申二宮貴吉多矣

昌曲祿存猶為奇特

昌曲破軍臨虎兎殺羊冲破定奔波 虎兎即午卯宮是也

昌曲左右會羊陀當生異痣

女人昌曲聰明富貴只多淫

武曲　廟 丑未辰戌　旺 子午　平 巳亥　無失陷

武曲廟垣威名赫奕辰戌丑未生人安命在辰戌丑未宮為四墓若但佐辰戌丑未次之

武破相遇昌曲逢聰明巧藝定無窮武曲或與火相同垣逢昌曲

武曲祿馬交馳發財遠郡　武曲魁鉞居廟旺財賦之官

武曲遷移巨商高賈吉多方論　武曲貪狼財宅位橫發資財

武曲廉貞貪殺便作經商　武曲貪狼加殺忌技藝之人

武曲破軍破祖破家勞碌　武曲破貞於卯地木壓雷驚

武曲劫殺會擎羊因財持刀　武曲羊陀兼火宿喪命因財

武曲之星為寡宿夫星柔弱婦奪夫權方免刑剋若兩剛相敵必主刑剋生離

貪狼　廟辰戌未　旺子午　陷巳亥

貪狼遇鈴火四墓宮豪富家資侯伯貴辰戌宮佳丑未宮次之若守照俱可論吉

貪狼入廟壽元長　貪狼會殺無吉曜屠宰之人

貪狼子午卯酉鼠竊狗偷之輩終身不能有為申子辰人命坐子宮寅午戌人命坐午宮亥卯未人命坐卯宮巳酉丑人命坐酉宮是也

貪狼加吉坐長生壽考永如彭祖寅午戌火生人命坐寅木甲金

貪狼巳亥加殺不為屠戶亦遭刑享福不久

貪武同行晚景邊夷神服三十年後發財坐命武曲守照辰戌宮佳丑未宮次之

貪武先貧而後富利已損人命有祿廟日月左右昌曲限逢祿權科則貴顯論

貪武申宮為下格化忌方論　貪狼加殺同鄉女偷香而男鼠竊

貪武四生四墓宮破軍忌殺百工通

貪狼武曲同守身無吉命反不長 命無吉曜身有貪武孤貧

貪武破軍無吉曜迷戀酒以忘身 或作手藝

貪月同殺會機梁貪財無厭作經商

貪狼廉貞同度男多浪蕩女多淫

貪遇羊陀居亥子名為泛水桃花 男女貪花迷酒喪身有吉曜則吉

貪狼陀羅在寅宮號曰風流彩杖

女命貪狼多嫉妬 在亥子遇羊陀娼之流逢祿馬不美

廉貞 廟 寅申 利 辰戌丑未 陷 巳亥

廉貞申未宮無殺富貴聲揚播遠名 雄宿朝元格加殺平常

廉貞卯酉宮加殺公胥無面官人 或巧藝人

廉貞陷巨曹吏貪婪

廉貞貪殺破軍逢武曲遷移作貝戎 恐是文曲

廉貞七殺居廟旺反為積富之人 殺居午奇格若陷地化忌貧賤殘疾

廉貞破火居陷地自縊投河

廉貞七殺居巳亥流蕩天涯

仲由威猛廉貞入廟會將軍 甲生人命坐酉乙生人命坐亥丙戊生人命坐酉丁巳生人命坐寅庚生人命坐子辛生人命坐卯癸生人命坐申

廉貞四殺遭刑戮 同羊陀火鈴是也若安佈此星同必遭刑戮終身

廉貞白虎刑杖難逃 如流年太歲併小限坐宮又值白虎加臨必主官非遭刑杖

廉貞破殺會遷移死於外道

廉貞清白能相守 女人甲巳庚癸安命申酉亥子宮丙辛乙戊安命寅卯巳午是也若辰戌丑未反賤

廉貞羊殺居官祿枷杻難逃

巨門 （廟）卯寅申酉（旺）子丑午亥（平）辰巳未戌

巨日寅宮立命申先驅名而食祿

巨日命宮寅位食祿馳名　巨日申宮立命寅馳名食祿

巨門子午科權祿石中隱玉福興隆 富而且貴辛癸人上格丁巳人次之丙戊主困

巨日命立申宮亦妙

巨在亥宮日命巳食祿馳名　巨在巳宮日命亥反不爲佳

巨日拱照亦爲奇 假如日在午宮巨在戌宮是也吉多方論日忌陷

巨機居卯乙辛巳丙至公卿 不貴即富甲人平常何也因甲祿到寅卯宮有擎羊破格耳

巨機酉上化吉者縱有財官也不終 如值孤貧多有壽巨富即夭亡加化忌尤凶君

巨門辰宮化忌辛人命遇反爲奇 太歲在遷移官財官化祿

巨機丑未爲下格　巨門陀羅必生異痣

巨門羊陀於身命疾厄羸黄困弱盜而娼

巨門四殺陷而凶

巨火擎羊陀逢惡限防縊死投河

巨火鈴星逢惡限死於外道

巨宿天機為破蕩（女命巨機於卯酉雖富貴不免淫佚若陷地下賤）

七殺　廟（丑寅未申戌）　旺（子午卯酉）　平（巳亥）　無陷

七殺寅申子午一生爵祿榮昌（為七殺朝斗格）

七殺破軍專依羊鈴之虐

七殺廉貞同位路上埋屍（觀廉貞內註會耗於遷移亦然若陷地加化忌尤凶）

七殺破軍宜出外諸般手藝不能精

殺臨身命流年刑忌災傷（逢紫微天相庶有可解）

殺臨絕地會羊陀顏回夭折

七殺重逢四殺腰陀背曲陣中亡（殺與鈴火主陣亡又有疾厄）

七殺火羊貧且賤屠宰之人（七殺羊陀會生鄉為屠宰）

七殺羊鈴流年白虎刑戮災迍

七殺流年二官符離鄉遭配（歲限俱到）

七殺守照歲限擎羊午生人命安卯酉宮主凶亡（餘宮亦忌命限三合）

（有殺流年羊刃到命即七殺重逢中酉宮忌多忌限）

七殺沉吟福不榮（男有威權女無所施）　七殺臨身終是夭

七殺最居福德女人切忌賤無疑

破軍 （廟）子午 （旺）辰戌丑未 （陷）寅申

破軍子午官無殺官資清顯至三公 甲癸生人合格丁巳未 人次之丙戊生人壬困

破軍貪狼逢祿馬男多浪蕩女多淫

破軍暗巨同鄉水中作塚 破軍巨門不同垣恐 照命宮或犯遷移

破軍火鈴奔波勞碌　破軍一曜性難明 男女命論

破耗羊鈴官祿位到處乞求 又貪狼在子午卯 酉者看貪狼內註

羊鈴 （廟）辰戌丑未 （旺）子申酉亥 （陷）午卯巳

擎羊入廟富貴聲揚 加吉方論　羊火同宮威權壓眾 辰戌人生 丑未次之

羊陀鈴火守身命腰陀背曲之人

擎羊子午卯酉非夭折而刑傷 午囚卯次子酉又次 馬頭帶劍吉多勿論

擎羊逢力士李廣難封 甲生人命卯丙生人命午庚生人 酉壬生人命子吉多平常加殺則凶

羊陀火鈴逢吉發財凶則忌

羊鈴坐命流年白虎災傷 流年白虎又 到命宮也

擎羊對守在酉宮歲逢羊陀庚命凶 像宮亦忌守命宮有羊 陀流年遇羊陀為迭併

羊陀夾忌為敗局 假如安命在申宮又逢忌星羊在酉陀在 未夾之餘要做此為例命歲二限行至此

亦凶孤貧刑剋若羣守祿存 無吉星同坦亦有災殃之凶

羊陀流年鈴破面字斑痕　一擎羊火星為下格

擎羊重逢流羊西施傾頸身 歲限重逢

陀羅

陀羅巳亥寅申非夭折而刑傷（余試得多離祖出外成家耳亦吉主生人醜破相）（廟）辰戌丑未（陷）卯酉（地）子亥

火星（廟）寅午戌（地）巳酉丑（陷）申子辰

火鈴相遇名振諸邦

火鈴夾命為敗局（如命安寅宮火星在丑鈴星在卯吉多尚可惟夾忌尤凶歲限逢者其地亦吉）

鈴星（廟）寅卯午戌（地）辰巳未申（陷）子丑酉亥

火鈴旺宮亦為福論

擎羊火鈴為下格（女人廟旺猶可地下賤貧窮夭折）

魁鉞

魁鉞夾命為奇格（如命安在辰宮魁在卯鉞在巳宮是也）

魁鉞命身多折桂（加吉方論在命身最妙三方次之）

魁鉞昌曲祿存扶刑殺無沖台輔貴（命身妙三方次見刑殺沖會者平常只宜僧道）

魁鉞重逢殺湊痼疾曰震（殺乃羊鈴空劫）

魁鉞輔星為福壽（二上在命諸宮福壽雙全）

左輔右弼

左右文昌位居台輔

左右夾命為貴格（如安命在丑宮左輔在子宮右弼在寅宮四七月十一月生者是也不貴則大富）

右弼左輔終身福厚（在命宮遷移是地三方次之）

左右同宮披羅衣紫辰戌宮安命正月七月生者丑宮安命九月生者未宮安命四月生者卯亥宮安命六月十二月生者三方勿論

左右單守照命宮離宗庶出身命無正曜是也若三方合紫微天相天府吉

左右臯羊遭刑盜一左右昌曲逢羊陀當生暗痣

左右財官兼夾拱衣祿豐盈

左右魁鉞為福壽三星在命諸宮福壽全美若女命逢之旺夫益子

右弼天相福來臨諸宮降福丑未亥三宮不貴發貴不久遠即當主富若卯酉二陷宮少稱意遂心

祿存

祿存十二宮中皆入廟

祿存守於財宅積玉堆金在命亦可喜化祿同科權更妙

祿存子午位遷移身命逢之利祿宜

明祿暗祿位至公卿　雙祿重逢終身富貴

祿逢沖破吉也成凶　雙祿守命呂后專權

祿存厚重多衣祿諸宮降福起家富貴女人旺夫招贅聚財

天馬

祿馬最喜交馳忌見殺羊火截路空亡多主勞苦

天馬四生妻宮富貴還當封贈　馬遇空亡終身奔走

科權祿

科權祿合富貴雙全祿存亦是祿祿會祿存富貴權會巨武威揚科會魁鉞貴顯在命宮極佳三方

次吉聚亦佳凶多則不美謂之美玉瑕玷

祿權命逢兼合吉威權壓衆相王朝

權祿重逢財官雙美論三方吉多方吉凶聚也不美

科命權朝登庸甲第或權或祿全更佳為權祿逢迎格

活祿子午位遷移夫子文章冠世遷移在子午宮為對面朝夫子命太陽化祿在午宮

命此格餘宮要看吉凶

科權祿夾為貴格如命安在子宮祿在亥宮權在丑宮為夾貴餘皆倣此

權祿重逢殺湊虛譽之隆

科名陷於凶神苗而不秀如戌月卯化科陷地或又加羊陀劫空

祿主纏於弱地命不主財

權祿守財福之位處世榮華

權祿吉星奴僕位縱然官貴也奔波

劫空

劫空夾命為敗局假如安命在亥宮劫在子宮空在亥宮是也歲限行到亦凶夾忌亦凶孤貧刑傷

劫空臨限楚王喪國綠珠亡

生處劫空猶如半天折翅

劫空臨財福之鄉生來貧賤

傷使

天傷加惡曜仲尼絕糧鄉迴亡

命宮

三夾命凶六夾吉 三夾是劫空火鈴羊陀是也六夾是紫府左右昌曲魁鉞科權祿日月是也若在命則凶多吉少雖吉也凶如吉多凶少雖凶也吉身命三方仍看廟旺

命無正曜二姓延生 或過房出継隨母継拜入贅或又是庶出隨母所生者

命逢吉曜松青柏秀以難凋 身命宮有吉星太歲大小二限不利未為凶必太歲二限逢凶又且本生人所忌方凶

限逢凶曜柳綠桃紅而易謝 命逢凶限廟旺猶發達限凶星陷必凶

命實運生如旱苗而得雨 如命限平常三方有吉星如限行美地為福

命衰運弱如嫩草而遭霜 如命坐陷忌歲限又逢羣惡曜必刑傷死亡

命有吉星官殺重縱有財官也辛苦

身宮

三夾身凶六夾吉 夾忌劫空火鈴羊陀凶六夾貴逢吉甚妙

身命俱吉富貴雙全　身吉命凶亦為美論

命弱身強財源不聚　貪武守身無吉命反不為良

納音

納音墓庫看何宮 如水生人庫辰遇財官或祿存尤妙遇遷移耗殺同不為美

生逢敗地發也虛花 如年納音水土長生在申申乃金星為木宮之主若安命在酉敗地又逢羊陀忌耗七殺同不美得祿存吉

絕處逢生花而不敗 如水土絕在巳安命在巳為絕地劫得金星在巳生水不絕方為得祿同吉

財帛

日月夾財加吉曜不貴則富如財帛宮在未天府星守日在午月在申夾財是也餘倣此

左右財官兼夾拱衣祿豐隆如左右同財帛宮又或財官在丑日在子月在寅乃是夾也

財宅

紫微輔弼多為財賦之官

武曲太陰多居財賦之任不是武曲太陰同限度取財帛宮遇武曲或遇太陰星主為人多居財賦之任

紫府武曲居財帛更兼權祿富奢翁

武曲貪狼財宅橫發貪財忌空亡　祿存守於財宅堆金積玉

財福

權祿守財福之位出世榮華

劫空臨財福之鄉生來貧賤

紫微斗數三卷終

孔仲尼命

太陰 天機 祿馬 天馬　長生 博士 財帛
天使 陀羅 天府 天鉞 天刑 大限　養 官府 疾厄
太陽 祿　胎 伏兵 遷移
天傷 破軍 武曲 (權)　絕 大耗 奴僕
貪狼 紫微 擎羊　沐 力士 子女
文曲 天同 (科) 小限　墓 官祿 鈴星 病符
文昌 巨門 太陽　冠 青龍 夫妻
死 田宅 喜神
天梁 天府 地劫　臨 小耗 兄弟
斗君 右弼 天魁 八座 鳳閣　帝 身宮 命宮 將軍
七殺 廉貞 天魁 火星　衰 父母 奏書
三台 左輔 龍池　病 福德 飛廉

陽男
庚戌年十一月初一子時
土五局
壬戌年七十三歲四月初二故

活祿逢迎夫子文章冠世辛亥年六十一歲在陳絕糧蓋因太歲有刼空小限逢天傷七十三歲小限在天傷大歲入地網戍生人有忌故死

子路之命

二台 文昌 廉貞 太歲　臨 命宮 將軍
天虛　帝 兄弟 奏書
文曲 七殺 八座　衰 夫妻 飛廉
天刑 天哭 天鉞 龍池 天哭　病 子女 喜神
天空 天梁 鳳閣　冠 父母 小耗
天相 紫微　死 財帛 病符
破軍 (祿)　沐 福德 青龍
天使 天機 巨門 天魁 (科)　墓 疾厄 大耗
天馬 天同 陀羅　長 田宅 力士
天府 武曲 左輔 祿存　養 官祿 博士
天傷 太陰 太陽 擎羊 地劫 (科)　胎 奴僕 官府
右弼 貪狼 斗君 小限 (忌)　絕 遷移 伏兵

陰男
癸丑年九月初九日寅時
木三局
甲申年三十二歲三月初三故

此爲府相朝元格且紫微諸吉星拱合所以爲賢士但命宮廉貞將軍故主勇猛更對垣遇貪狠忌星拱命故主凶亡果死孔悝之難

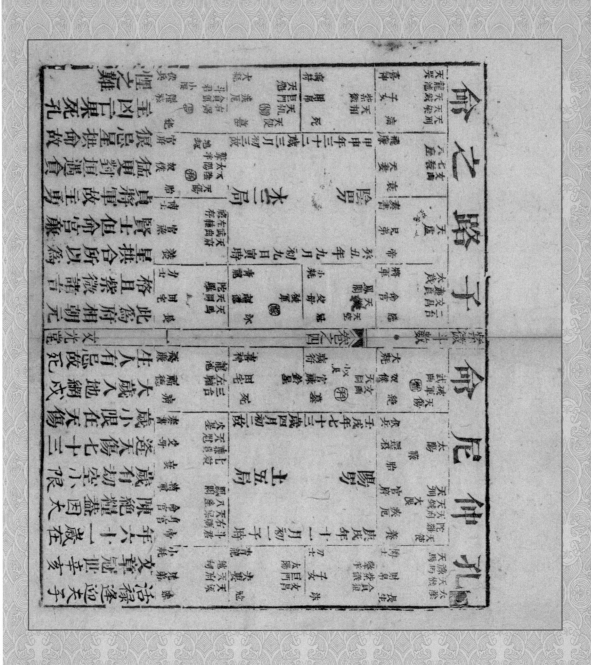

顏亞聖命

天府 病 田宅 將軍	太陰 天同 天魁 衰 官祿 小耗	文昌 貪狼(忌) 武曲 左輔 右弼 文曲(科) 天傷 帝 奴僕 青龍	(祿) 巨門 太陽(權) 陀羅 天空 臨 身宮 遷移 力士
太歲 斗君 死 福德 奏書	壬辰年三十二歲六月初四故	陰男 木三局 辛酉年四月二十日卯時	天相 祿存 天使 冠 疾厄 博士
破軍 廉貞 墓 父母 飛廉			天梁 天機 擎羊 流陀 沐 財帛 官府
天鉞 地劫 絕 命垣 喜神	龍池 鳳閣 胎 兄弟 病符	流羊 養 妻室 大耗	七殺 紫微 天馬 流祿 大限 長 子女 伏兵

命坐魁鉞身逢
權祿昌曲陷於
天傷不能發達
大限七殺重逢
壬辰年太歲流
羊流陀迭併故
死

孟軻之命

天府 長 父母 大耗	太陰(科) 天同 左輔 三台 沐 福德 伏兵	貪狼(權) 武曲 天鉞 陀羅 冠 田宅 官府	巨門(祿) 太陽 右弼 祿存 八座 臨 官祿 博士
文曲 小限 養 身 命垣 病符	甲寅年五十五歲七月初五故	陽男 金四局 庚申年三月初一日子時	天相 擎羊 (忌) 天傷 帝 奴僕 力士
破軍 廉貞 天姚 胎 兄弟 喜神			天梁 天機 文昌 鈴星 天哭 大限 衰 遷移 青龍
天馬 火星 天虛 絕 妻宮 飛廉	天魁 墓 子女 奏書	斗君 死 財帛 將軍	七殺 紫微 天刑 天空 地劫 天使 病 疾厄 小耗

雙祿拱照昌曲
重逢戍有機梁
文章冠世昌曲
單坐身命主人
口能舌辯大限
地網逢鈴小限
天羅太歲又在
絕地故凶

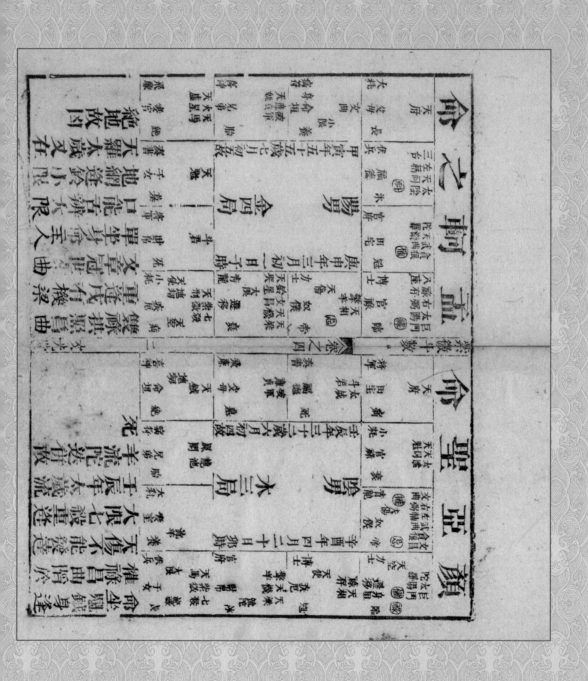

端木賜命

陰男

乙卯年三月十一日丑時

乙未年四十一歲十一月廿八故

土五局

祿存坐命官逢暗祿會合為富貴之論卯生人防於巳亥限三十五歲大限入亥四十一歲小限入巳兒埋蛇地更為凶太歲相冲喪門忌會是以凶也故死

子羔之命

陽男

壬子年十二月二十二戌時

丙申年四十五歲二月初七故

金四局

此為府相朝垣格食祿千鍾富貴雙全一生順美四十四歲入大限在申宮子生人有忌申限天傷天刑夾地小限四十五歲逢天哭天虛沐浴敗地故命亡

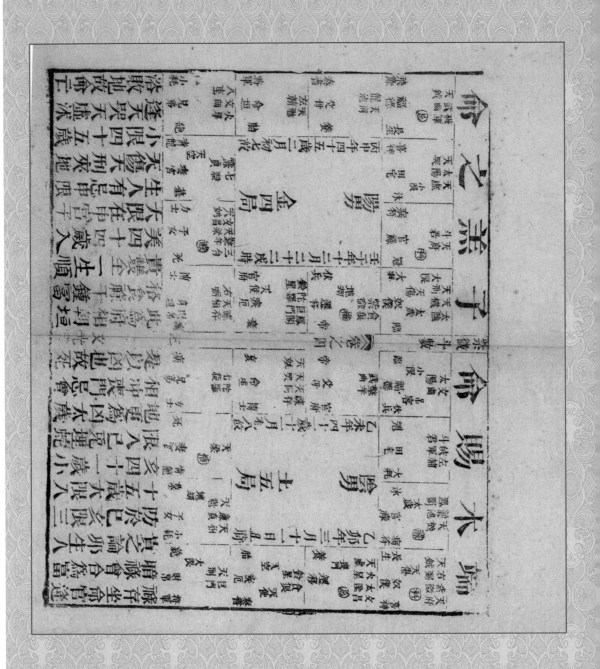

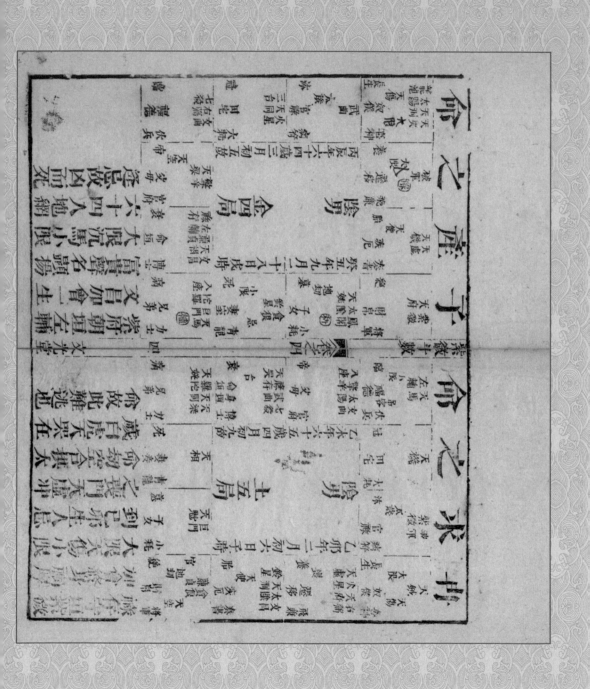

冉求之命

天鉞 天傷 大限
喜神 奴僕 長生

破軍 紫微 太歲
官祿 病符 沐

天機
田宅 大耗 冠

天馬 左輔 小限
吊客 福德 伏兵 臨

右弼 天府 火星 天虛 喪
飛廉 遷移 養

文昌 太陰 天刑 鈴星 天使
奏書 疾厄 胎

貪狼 廉貞 地劫 天空
將軍 財帛 絕

巨門 天魁
小耗 子女 墓

天相
青龍 妻妾 死

天梁 天同 羅陀 天姚
力士 命垣 身垣 兄弟 病

七殺 武曲 祿存 天哭 台
博士

文曲 太陽 擎羊 入座
官府 父母 帝

陰男
乙卯年二月初六日子時
土五局
乙未年六十五歲四月初九故

祿存守垣紫微加會終身福厚大限天傷小限到巳卯生人忌之喪門天虛沖命劫空合拱太歲白虎天哭在命故此難逃也

命之產子

紫微 天府
將軍 財帛 絕

天虛 天機 天使
奏書 疾厄 胎

破軍 祿 大限
飛廉 遷移 養

天哭 天刑 太陽 大限 龍池 天傷
喜神 奴僕 長生

鳳閣 太陰 科 天姚 地劫
小耗 子女 墓

貪狼 鈴星 忌 小限
青龍 妻妾 死

天馬 巨門 陀羅 入座 權
力士 兄弟 病

文昌 天相 廉貞 左輔 祿存
博士 命垣 衰

擎羊 天梁 天空
官府 父母 帝

文曲 右弼 七殺
伏兵 福德 臨

武曲 太歲
病符 官祿 沐

火星 天同 三台
大耗 田宅 冠

陰男
丙辰年六十四歲三月初五故
癸五年九月二十八日戌時
金四局

紫府朝垣左輔文昌加會一生富貴聲名顯揚大限沉馬小限六十四入地網逢忌故凶而死

蘇丞相命

陰男 土五局

辛未年二月二十一寅時

甲辰年三十四歲四月初五故

命日月權祿丑未宮定是方伯公左右加會名譽韓揚只嫌劫空沖守福不全美故至三十四歲而亡大限入地網小限又入地網太歲在天羅故凶

晏平仲命

陽男 金四局

庚申年九月二十四午時

壬寅年四十三歲十一月初五故

此為丹墀貴格秋月生者是真格且太陽守命垣日月爭耀科權祿會合文武雙全四十三歲大歲行寅火忌申生人有忌小限喪門病符天哭沖照故命亡

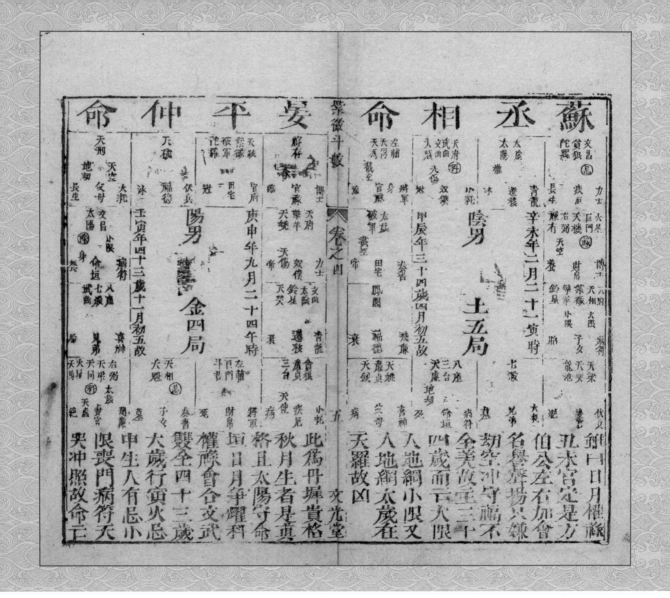

孫臏之命

甲辰年九月初五寅時

陽男 金四局

戊午年七十五歲五月十二故

- 天相 武曲 龍池 (科) 孤辰 命垣 臨
- 巨門 天同 天鉞 奏書 兄弟 冠
- 文曲 貪狼 太歲 鳳閣 將軍 妻宮 沐
- 天刑 太陰 小耗 子女 長生
- 天府 三台 廉貞 (祿) 大限 青龍 財帛 養
- 天使 力士 疾厄 胎
- 火星 破軍 天馬 祿存 右弼 天哭 博士 遷移 絕
- 天魁 陀羅 天傷 地劫 官府 奴僕 墓
- 左輔 紫微 斗君 小限 身 伏兵 官祿 死
- 天機 大耗 田宅 病
- 七殺 鈴星 天虛 大庫 病符 福德 衰
- 天梁 太陽 天姚 天空 忌 喜神 父母 帝

此為紫府朝垣格左右拱照科權祿三方會合文昌武曲守命兼資文武終身富貴之論七十五歲大限入天羅小限在子與流年戊午相冲故凶

龐涓之命

甲辰年九月十六日酉時

陽男 水二局

庚辰年三十七歲九月十三故

- 太陰 天機 龍池 天使 地劫 流羊 飛廉 疾厄 長生
- 天府 天鉞 流陀 身 奏書 遷移 養
- 太陽 鳳閣 天傷 忌 將軍 奴僕 胎
- 破軍 武曲 天刑 斗君 (權) (科) 小耗 官祿 絕
- 天同 太歲 青龍 田宅 墓
- 三台 擎羊 力士 福德 死
- 天馬 祿存 右弼 天哭 天空 博士 父母 病
- 文昌 七殺 廉貞 文曲 陀羅 天魁 官府 命垣 衰
- 左輔 天梁 伏兵 兄弟 帝
- 八座 天相 大耗 妻妾 臨
- 巨門 天虛 小限 病符 子女 冠
- 貪狼 紫微 天姚 飛羊 喜神 財帛 沐

紫府科權祿昌曲魁鉞坐守身命左右夾垣為富貴之論廉貞七殺又為積富之人命犯陀羅庚辰太歲入天羅小限在地網身命逢流羊流陀會併故凶

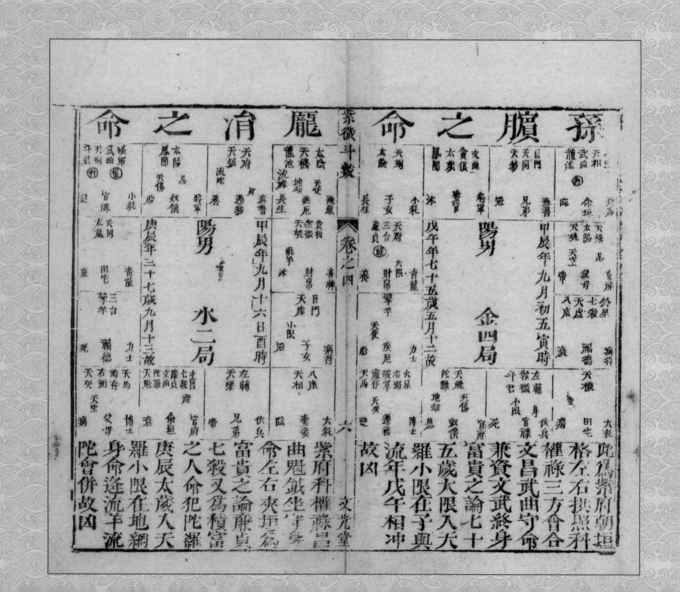

明輔命

陀羅 天同 大限 天傷 小限 力士 奴僕 絕	文昌 天府 武曲 左輔 祿存 權 博士 遷移 胎	太陰 太陽 擎羊 太歲 天空 天使 官府 疾厄 養	右弼 貪狼 祿 武曲 天相 伏兵 財帛 身 長生
破軍 青龍 官祿 墓	陰男 水二局	己酉年三月十八辰時生	巨門 天機 大耗 斗君 大耗 子女 沐
天虛 天姚 火星 八座 地劫 小耗 田宅 死	己未年七十一歲九月十三故		天相 紫微 鈴星 病符 妻官 冠
廉貞 將軍 福德 病	龍池 鳳閣 奏書 父母 衰	七殺 天魁 飛廉 命垣 帝	天馬 天梁 天刑 三台 喜神 兄弟 臨

權祿生逢左右昌曲加會七殺守命壯年崢嶸爲戰國明輔廿五歲有犯擎羊天空宜在三十六後遂忘六十二大限入巳天傷陀羅酉人忌小限重逢故死

蕭何之命

太陰 陀羅 天傷 流祿 力士 奴僕 臨	文昌 貪狼 左輔 祿存 權 小限 流羊 博士 遷移 冠	巨門 天同 擎羊 大限 天空 天使 官府 疾厄 沐	文曲 忌 天相 武曲 祿 右弼 天鉞 大歲 伏兵 財帛 身 長生
天府 廉貞 流陀 青龍 官祿 帝	陰男 水二局	己酉年三月二十二辰時生	天梁 太陽 天哭 科 大耗 子女 養
三台 天虛 天姚 火星 地劫 小耗 田宅 墓	戊申年六十歲十月初七日故		七殺 鈴星 斗君 病符 妻妾 胎
破軍 將軍 福德 絕	龍池 鳳閣 奏書 父母 死	紫微 天魁 飛廉 命垣 墓	天馬 天機 天刑 八座 喜神 兄弟 絕

府相朝垣格紫府左右權祿嘉會又兼昌曲祿合乃坐貴向貴富貴雙全大相之命限到擎羊酉人忌之小限流羊與命垣相冲故六十而終

陳平之命

天梁 天傷 大耗 奴僕 病	文昌 七殺 左輔 伏兵 遷移 死	天鉞 陀羅 天使 官府 疾厄 墓	天虛 文曲 廉貞 右弼 祿存 大限 博士 身 絕
天相 紫微 天虛 病符 官祿 衰	乙丑年七十二歲五月初三故	陽男 水三局 庚戌年三月十八日辰時	擎羊 力士 子女 胎
天姚 巨門 地劫 天機 鈴星 八座 斗君 喜神 田宅 帝			破軍 青龍 妻妾 養
龍池 貪狼 飛廉 福德 臨	天魁 太陽 太陰 火星 祿 太歲 奏書 父母 冠	武曲 天府 鳳閣 权 將軍 命垣 沐	天刑 天同 三台 科 小耗 兄弟 長生

權祿科逢天府武曲守命垣左右昌曲加會勃然入相之命大限七十三入申身臨絕地小限到天空天使夾地叉陀羅爲戌入所忌是爲大吉故終壽

紫微斗數 卷之四 八 文光堂

耿弇之命

天哭 天鉞 巨門 八座 天傷 喜神 奴僕 長生	左輔 天相 廉貞 文昌 太歲 飛廉 遷移 沐	天虛 天梁 天空 天使 奏書 疾厄 胎	右弼 七殺 文曲 斗君 將軍 財帛 身 絕
貪狼 流陀 忌 病符 官祿 帝	戊午年六十六歲五月初五故	陰男 金四局 癸丑年三月初四辰時生	三台 天同 [illegible] 小耗 子女 墓
天賢 太陰 天梁 火星 科 大耗 田宅 旺			武曲 鈴星 青龍 妻妾 死
天府 [illegible] 伏兵 福德 衰	擎羊 天機 官府 父母 狂	祿存 破軍 小限 權 博士 命垣 養	天刑 太陽 陀羅 天馬 力士 兄弟 病

破軍若在子午宮官資清顯至三公又兼左右昌曲加會文武雙全富貴之命大限到於天傷有嫌巨門太歲到午謂之沉馬流羊當頭小限冲太歲凶故死

蒯文通命

鳳閣 天同 太歲 將軍 福德 病	天府 武曲 文曲 天魁 科 小耗 田宅 衰	太陰 太陽 左輔 右弼 博士 官祿 身 帝旺	文昌 貪狼 陀羅 忌 力士 奴僕 臨官
破軍 天姚 奏書 父母 死	陰男 水三局	乙巳年二十五歲二月初五故	龍池 巨門 天鉞 祿存 三台 權 博士 遷移 冠帶
火星 飛廉 命垣 墓		辛巳年四月二十七寅時生	天相 紫微 擎羊 鈴星 天使 官府 疾厄 沐浴
天鉞 廉貞 喜神 兄弟 絕	天哭 地劫 病符 妻妾 胎	七殺 天刑 大耗 子女 養	天馬 天梁 天虛 伏兵 財帛 長生

雙祿朝垣又兼巨機對宮相會最善談兵日月左右未宮加會最爲奇也但命垣火宿爲人膽大乙巳年二十五歲太歲埋蛇乙年太陰星化忌故主凶亡

項羽之命

力士 兄弟 臨官	祿存 龍池 鳳閣 命垣 博士 冠帶	文昌 破軍 文曲 父母 官府 沐浴	天鉞 天空 小限 伏兵 福德 長生
青龍 帝旺	己未年三十二歲十二月初六故	陰男 水二局	天虛 天府 天鉞 火星 大耗 田宅 養
七殺 武曲 小耗 子女 衰		丁卯年八月十二日卯時生	三台 太陰 鈴星 忌 病符 官祿 胎
天梁 天同 流陀 將軍 財帛 病	天相 天使 奏書 疾厄 死	巨門 忌 飛廉 遷移 墓	左輔 貪狼 天魁 太歲 天傷 喜神 奴僕 絕

權祿加會當至極貴富祿存守命垣被對宮忌星冲破爲吉處藏凶三十二歲大限到寅地劫相合小限到申天空值守大小二限相冲故縊死於烏江

張子房命

陽男

甲午年五月初六辰時生

己酉年七十六歲三月初七故

火六局

此是襲祿朝垣左右昌曲加會又兼紫府同宮作極富貴之命直須限落夾地故以命已七十六大小二限在天傷天空天使衰死之地是以難逃

韓信之命

陽男

甲戌年十一月初五午時生

乙巳年三十二歲二月初四故

土五局

紫府拱照左右加會祿合科權出將入相之命三十二歲小限在亥值傷忌太歲空劫在巳冲之又大限羊陀冲照故遭毒死

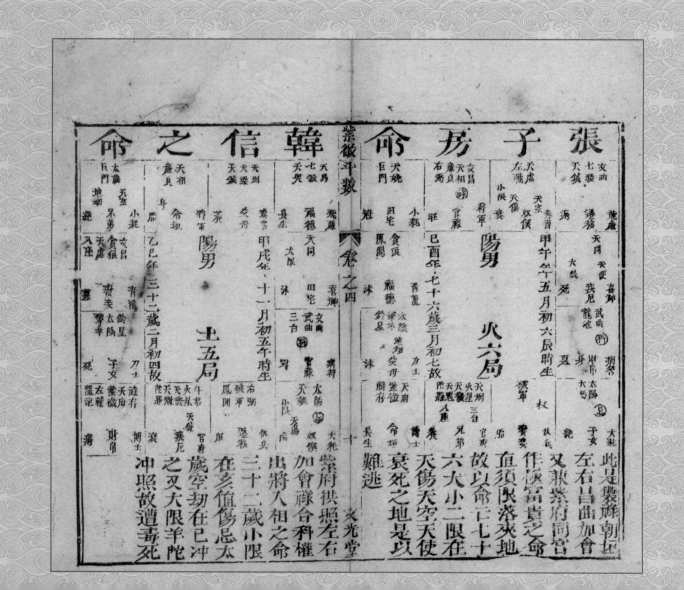

趙高之命

- 貪狼 ㊀ 將軍 官府 喪門 長生
- 太陰 太陽 龍池 鳳閣 奏書 田宅 養
- 天府 武曲 太歲 飛廉 福德 胎
- 天鉞 天同 天馬 喜神 父母 絕
- 巨門 天機 火星 天刑 地劫 天傷 奴僕 小耗
- 天相 紫微 右弼 鈴星 青龍 遷移 冠
- 天梁 陀羅 天使 大限 力士 疾厄 臨
- 三台 文昌 七殺 祿存 博士 財帛 身 旺
- 天姚 擎羊 天空 官府 子女 衰
- 文曲 廉貞 八座 伏兵 妻妾 病
- 左輔 破軍 小耗 吊客 ㊀ 命垣 病符 墓
- 天魁 大耗 兄弟 死

癸卯年正月二十一戊時生

陰男

土五局

甲午年五十二歲四月初八故

此爲祿合左右相會一生爵祿甚豐盈富貴雙全應有分紫破辰戌不忠故有指鹿爲馬之事大限夾地遇陀羅流年小限喪門吊客病符作殃故主凶亡

李斯之命

- 天府 紫微 天使 長生 小耗 疾厄 病
- 天機 大限 小限 青龍 遷移 養
- 天刑 破軍 擎羊 大傷 力士 奴僕 胎
- 祿存 太陽 太歲 博士 官祿 絕
- 太陰 天鉞 地劫 將軍 財帛 身
- 天姚 貪狼 鈴星 天哭 奏書 子女 冠
- 三台 巨門 天虛 飛廉 妻妾 臨
- 天相 廉貞 文昌 ㊀ ㊀ 喜神 兄弟 旺
- 左輔 天梁 右弼 天空 白虎 病符 命垣 衰
- 天馬 文曲 七殺 火星 天虛 大耗 父母 帝
- 武曲 陀羅 官府 田宅 墓
- 天同 八座 ㊀ 伏兵 福德 死

丙申年十月十一日戊時生

陽男

土五局

癸巳年五十八歲六月初三故

左右同宮日巳月酉並明權祿加會爲富貴之命太歲喪門白虎冲命限是以見凶

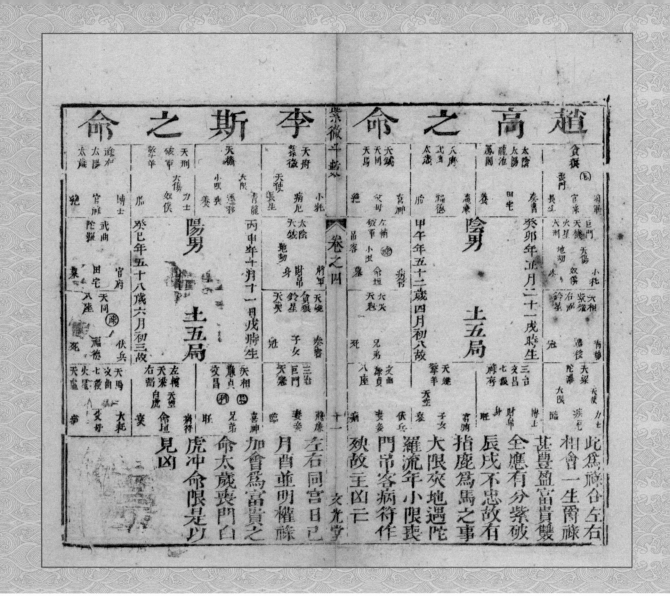

紫微斗數　卷之四　十二　文光堂

曹參之命

陰男　土五局

巳酉年十一月二十五午時

辛亥年六十三歲十月初九故

破軍 天鉞 陀羅 長生 病符 官祿 伏兵	天刑 擎羊 斗君 白虎 沐 父母 官府	祿存 紫微 命垣 身 冠 博士	天機 天空 陀羅 地劫 兄弟 臨 力士
天哭 小耗 流祿 養 田宅 大耗 晶客			七殺 文昌 妻妾 旺 青龍
廉貞 鈴星 文曲 胎 官府 病符 喪門			天梁 太陽 官符 子女 衰 小耗
天馬 太陰 天姚 太歲 大傷 奴僕 絕 喜神	八座 貪狼 右弼 天喜 大限 遷移 病 飛廉	巨門 天同 龍池 天使 疾厄 死 奏書 喪門	三台 天相 武曲 左輔 財帛 病 將軍

紫微居午無殺湊左右權祿于寅亖宮加會官資清顯至三公六十三歲太歲到天傷夾地叉流年羊刃照命酉人忌之為凶也

鄺生之命

陰男　土五局

癸巳年九月初四日巳時生

戊戌年三十六歲正月十一故

天局 天梁 田宅 長生 將軍	天相 福德 沐 奏書	巨門 八座 天空 父母 冠 飛廉	貪狼 廉貞 天鉞 擎羊 天刑 命垣 臨 喜神
七殺 武曲 天魁 文曲 龍池 官祿 養 小耗			太陰 地劫 兄弟 旺 病符
太陽 太歲 天傷 奴僕 胎 青龍			三台 天府 天魁 妻妾 衰 大耗
天馬 陀羅 大虛 遷移 絕 力士	左輔 天機 祿存 天使 疾厄 博士	擎羊 破軍 紫微 天哭 大限 財帛 官府	右弼 子女 病 伏兵

科權夾貴之格本為美命只嫌空劫工夾垣且文昌不宜與貪狼廉貞同立一生奔波勞祿三十六太歲天傷小限天空戊祿化吉小杻不堪重戰是以凶也

慶忌之命

- 天馬 天姚 天同 天梁 大限 天空 福德 小耗 臨
- 太陰 天相 文曲 (科) 父母 青龍 絕
- 巨門 擎羊 流羊 命垣 力士 沐
- 貪狼 廉貞 (忌) 祿存 流祿 兄弟 博士 長生
- 天鉞 武曲 七殺 田宅 將軍 旺
- 太歲 天刑 太陰 陀羅 鳳閣 流陀 妻妾 官府 養
- 太陽 龍池 官祿 奏書 衰
- 右弼 天府 子女 伏兵 胎
- 左輔 天魁 天傷 奴僕 飛廉 病
- 天哭 天機 天虛 斗君 (權) 遷移 身 喜神 死
- 破軍 紫微 三台 八座 天使 疾厄 病符 墓
- 小限 地劫 亡客 財帛 大耗 絕

陽男 金四局

丙午年八月初三日卯時生

戊辰年二十三歲三月初五故

馬頭帶箭非夭折而刑傷早年限行吉地作事崢嶸手能捉飛馬二十三歲大限到申值天空小限到寅遇地劫太歲天羅流羊流陀迭併以至遭凶而亡

百里奚命

- 天馬 文曲 左輔 祿存 天哭 太歲 遷移 博士 長生
- 天鉞 陀羅 天空 天傷 奴僕 官府 養
- 文昌 右弼 官祿 伏兵 胎
- 七殺 紫微 天姚 田宅 大耗 絕
- 破軍 廉貞 擎羊 大限 天使 疾厄 力士 沐
- 天梁 天機 天虛 福德 病符 墓
- 財帛 身 青龍 冠
- 鈴星 天相 三台 地劫 (忌) 父母 喜神 死
- 天府 八座 子女 小耗 臨
- 太陰 天同 鳳閣 (科) 妻妾 將軍 旺
- 天刑 貪狼 天魁 武曲 火星 (權) 兄弟 奏書 衰
- 巨門 太陽 龍池 小限 命垣 飛廉 病

陽男 土五局

庚戌年五月二十日辰時生

庚申年七十一歲五月初二故

巨日同宮祿合守照左右昌曲加會少年不順因限莎行羊鈴地劫虛絕之地三十五方得遂志大限入酉擎羊敗地小限在命垣與太歲相冲祿馬倒不吉

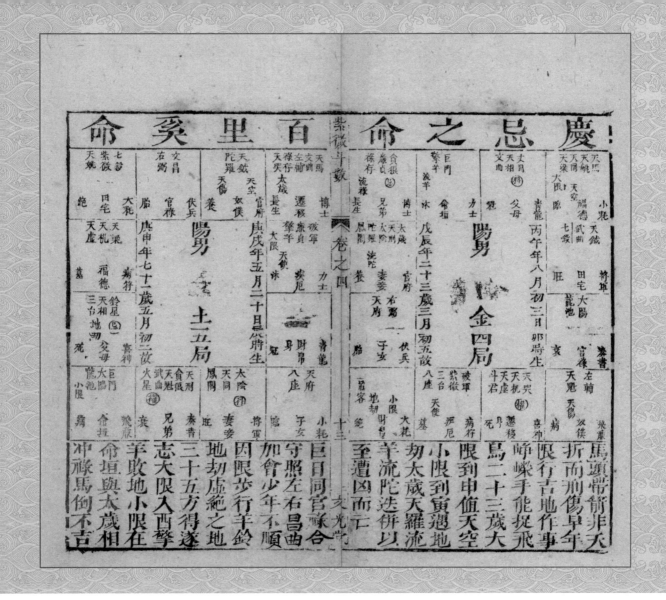

康頤之命　藺相如命

康頤之命

三台　天鉞　廉貞　右弼　伏兵　福德　長生　斗君　鳳閣　地劫　田宅　鈴星　大耗　破

擎羊　天虛　小限　博士　父母　沐　官府

左輔　七殺　祿存　八座　命垣　冠

陀羅　天梁　天哭　龍池　科　力士　兄弟　臨

天相　紫微　青龍　妻妾　旺

巨門　天機　火星　天姚　小耗　子女　衰

文曲　貪狼　忌　將軍　財帛　病

太歲　太陽　太陰　天空　天使　奏書　疾厄　死

文昌　天魁　武曲　天府　祿　遷移　墓

天月　天刑　天馬　天傷　大限　奴僕　喜神　絕

病符　官祿　胎

飛廉　羊刃(?)　養

陰男　土五局

己丑年三月十五日戌時生

辛丑年七十三歲七月初八故

七殺朝斗富貴
榮華祿合催會
文武材能七十
三歲大限在天
傷之地太歲伏
午又在天空天
使之地小限相
沖流羊在戌沖
照命垣是以凶

藺相如命

天鉞　紫微　破軍　青龍　遷移　冠

天虛　文曲　天機　擎羊　天哭　三台　天傷　小限　忌　力士　奴僕　沐

祿存　左輔　博士　官祿　身　長生

文昌　八座　太歲　大限　天使　小耗　疾厄　臨

龍池　太陽　陀羅　官府　田宅　養

右弼　天府　斗君　天空　科　將軍　財帛　旺

七殺　武曲　伏兵　福德　胎

鳳閣　太陰　天刑　鈴星　權　奏書　子女　衰

天馬　天梁　天同　天姚　火星　大耗　父母　絕

天魁　天相　地劫　病符　命垣　墓

巨門　喜神　兄弟　死

貪狼　廉貞　祿　飛廉　妻妾　病

陽男　金四局

戊子年二月十四日卯時生

丙申年六十九歲五月初二故

左右加會祿為
吉科祿紫府最
為貝且兼限行
美地一生名利
得安康大限申
官子生人不宜
寅申限六十九
歲丙申歲限是
以命亡

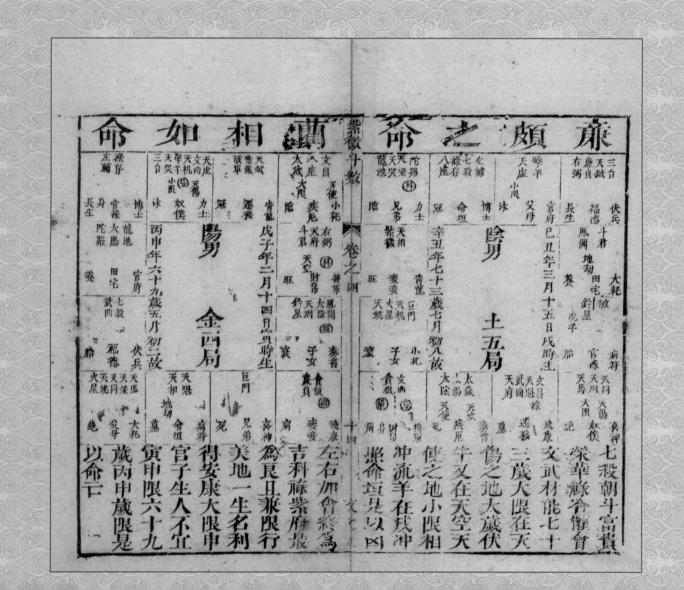

劉伶之命

<table>
<tr><td>天相
小限 大限
小耗 官祿 絕</td><td>鳳閣 天梁 天刑
天傷
將軍 奴僕 胎</td><td>七殺 廉貞 天鉞
(祿)
奏書 遷移 養</td><td>龍池
天使
飛廉 疾厄 長生</td></tr>
<tr><td>三台 巨門
青龍 田宅 墓</td><td colspan="2" rowspan="2">陽男　水二局
甲辰年十月初四日戌時生
乙亥年三十二歲二月初七故</td><td>地刧
喜神 財帛 身 沐</td></tr>
<tr><td>貪狼 紫微 擎羊
力士 福德 死</td><td>天虛 天同 天姚 八座
病符 子女 冠</td></tr>
<tr><td>天馬 太陰 天機 文曲 祿存 天哭
博士 父母 病</td><td>天魁 左輔 天府 右弼 陀羅
天空
官府 命垣 衰</td><td>文昌 太陽 斗君
(忌)
伏兵 兄弟 旺</td><td>武曲 破軍
大歲 (科)(權)
大耗 妻妾 臨</td></tr>
</table>

雖有左右同垣坐貴向貴之局生處帶空猶如半天折翅且身宮怯刧並無正曜三十二歲大限行巳宮小限亦到巳太歲相冲刧空正會挑故死於其年

韓通之命

<table>
<tr><td>祿存 太陽
流祿
博士 田宅 絕</td><td>左輔 破軍 文曲 擎羊
流羊 太限
力士 官祿 身 胎</td><td>大机 天鉞
(忌) 天傷
青龍 奴僕 養</td><td>天馬 天府 紫微 右弼 文昌
(科) 小限
小限 遷移 長生</td></tr>
<tr><td>鳳閣 武曲 陀羅
流陀
官府 福德 墓</td><td colspan="2" rowspan="2">陽男　水二局
戊午年三月十五日寅時生
戊戌年四十一歲三月初八故</td><td>太陰
(權) 天空 天使
將軍 疾厄 沐</td></tr>
<tr><td>鈴星 天同 天姚
伏兵 父母 死</td><td>太歲 貪狼 龍池 斗君
祿
奏書 財帛 冠</td></tr>
<tr><td>七殺
大耗 命垣 病</td><td>火星 天府 天魁
地刧
病符 兄弟 衰</td><td>天相 廉貞 天哭 天虛
喜神 妻妾 旺</td><td>巨門 天刑
飛廉 子女 臨</td></tr>
</table>

七殺朝斗富貴榮華紫府朝垣終身福厚左右昌曲帅會尊居八位入限到午謂之沉溺太歲地網戊年卯羊任午流陀在辰命垣七殺重逢羊陀迭併故死

宋璟之命

三台 左輔 天府 祿存 太歲 流陀 博士 官祿 長生	鳳閣 太陰 天同(權) 文曲 大限 擎羊 流祿 天傷 力士 奴僕 沐	貪狼 武曲 天鉞 祿 流羊 青龍 遷移 冠	巨門 太陽 文昌 龍池 天使 小耗 疾厄 臨
陀羅 官府 田宅 養	陽男 戊辰年二月初一日寅時生 金四局 丁巳年五十歲十月初八故		右弼 天相(科) 八座 天空 將軍 財帛 旺
破軍 廉貞 伏兵 福德 胎			天梁 天機(忌) 鈴星 天刑 天虛 奏書 子女 衰
天姚 火星 天馬 天哭 大耗 父母 絕	天魁 地劫 [illegible] 病符 命垣 墓	喜神 兄弟 死	七殺 紫微 小限 飛廉 妻妾 病

府相左右科祿朝垣祿合格局明白貴人守命垣因論富貴終身只是劫空在命故壽不長小限七殺流年羊陀太歲冲命甚凶其年傷壽

賈誼之命

天鉞 天機 天馬 斗君 喜神 官祿 長生	左輔 紫微 天傷 大歲 飛廉 奴僕 養	龍池 文昌 文曲 鳳閣 流陀 奏書 遷移 身 胎	右弼 破軍(祿) 天空 天使 將軍 疾厄 絕
七殺 小限 病符 田宅 沐	陰男 癸卯年三月二十日卯時生 金四局 庚午年二十八歲四月初七故		天虛 火星 流羊 小耗 財帛 墓
天哭 天梁 太陽 天魁 天姚 大耗 福德 冠			天府 廉貞 鈴星 大限 青龍 子女 死
天相 武曲 地劫 伏兵 父母 臨	三台 巨門 天同(權) 擎羊 八座 官府 命垣 旺	貪狼 祿存(忌) 博士 兄弟 衰	天刑 太陰(科) 陀羅 力士 妻妾 病

文星暗拱年少登科天機天鉞正照以為吉兆小限到天羅大限到地網太歲天傷夾地流羊流陀三方合命垣且命原犯擎羊故夭亡於二十八歲

馬周之命

陰男

己卯年九月十八日未時生

丁卯年四十九歲四月初九故

火六局

巨機居卯位至公卿限步逆行以爲美兆未宮見有擎羊故主壽難長久大限入於天使小限擎羊冲會故作倒限傷壽

傅毅之命

陽男

甲子年十二月二十四戌時生

甲戌年七十一歲四月初九故

火六局

權祿加會擎羊逢力士不得十分富貴亦爲終身福厚之論命垣喜坐火位皆爲吉兆直到大限遊於天使火地小限七十一又逢天傷天刑故此壽難過去

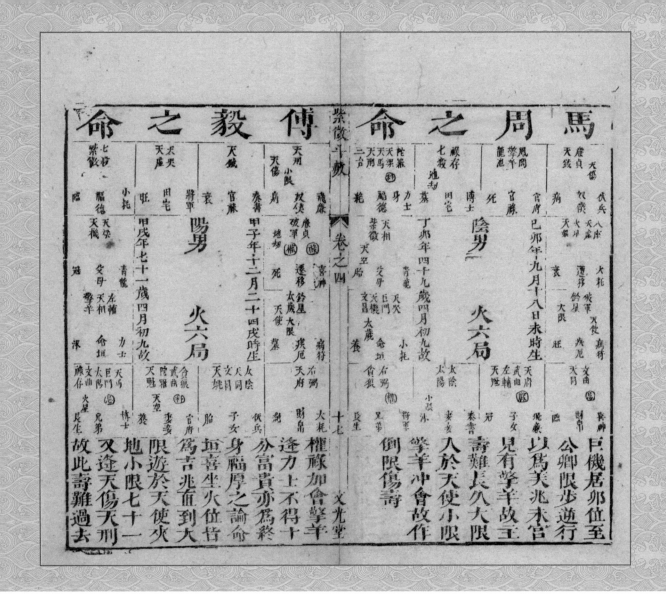

魏豹之命

破軍 祿存 太歲 天傷 博士 奴僕 長生
天姚 陀羅 天鉞 斗君 大限 官府 官祿 養
紫微 天空 田宅 伏兵 胎
文昌 天機 大耗 福德 死
文曲 擎羊 遷移 力士 沐
天哭 天府 廉貞 左輔 鈴星 三台 天使 小耗 青龍 疾厄 冠
右弼 七殺 八座 地劫 父母 病符 墓
天梁 太陽 天刑 命垣 喜神 死
太陰 小耗 財帛 臨
貪狼 龍池 子女 將軍 旺
巨門 天同 大魁 夫妻 奏書 衰
火星 天相 武曲 天馬 鳳閣 天虛 兄弟 飛廉 病

陽男
庚申年七月二十五巳時生
土五局
丙申年三十七歲九月初五故

科祿相逢遇太陽天梁同位最高強運限順行但爲吉後凶大限遇陀星小限地網丙年廉貞化忌凶又兼申人忌鈴星故主難過郄此歲

劉都衙命

巨門 太陽 天馬 天傷 飛廉 奴僕 病
貪狼 武曲 天鉞 奏書 官祿 衰
太陰 天同 地劫 田宅 將軍 旺
天刑 天府 小耗 身 福德 臨
天姚 天相 大耗 小限 喜神 遷移 死
天梁 天機 龍池 天使 病符 疾厄 墓
鳳閣 青龍 父母 冠
擎羊 破軍 廉貞 文昌 鈴星 力士 命垣 沐
七殺 紫微 文曲 斗君 大耗 財帛 絕
天虛 左輔 天哭 八座 太歲 伏兵 子女 胎
陀羅 火星 天魁 官府 妻妾 養
祿存 右弼 三台 博士 兄弟 長生

陽男
甲午年九月初三日未時生
火六局
戊子年五十五歲十月十三故

貞破卯酉作公卿權祿雖生逢落於陷地不能發達不過公門中軒昂而已二限到夾地不免凶禍且文昌不宜見貪破又見羊鈴故主凶巨

姜恒之命

七殺 天使 ／ 小耗 疾厄 長生

天梁 ／ 青龍 遷移 養

天相 廉貞 擎羊 天傷 天刑 大限 (忌) ／ 力士 奴僕 胎

祿存 巨門 三台 ／ 博士 官祿 絕

入座 天同 天鉞 (科) ／ 將軍 財帛 身 沐

大耗 武曲 鈴星 鳳閣 ／ 奏書 子女 冠

太陽 天魁 ／ 飛廉 夫妻 臨

文昌 破軍 小限 (科) ／ 喜神 兄弟 旺

左輔 天祿 右弼 (權) ／ 病符 命垣 衰

文曲 天府 紫微 火星 天馬 太歲 ／ 大耗 父母 病

龍池 貪狼 陀羅 ／ 田宅 墓

太陰 ／ 伏兵 福德 死

陽男

丙子年十一月初五日戌時生

土五局

丙寅年五十一歲八月初五故

雙祿加會無不富貴左右同宮終身福厚空劫身命壽年難長大限入於天傷夾地小限相冲丙寅年太歲病耗相臨且子生人不宜寅歲限故死於是年

周勃之命

文昌 ／ 伏兵 財帛 臨

擎羊 天使 ／ 官府 疾厄 旺

祿存 天角 ／ 博士 遷移 衰

七殺 紫微 陀羅 天傷 鳳閣 大限 ／ 力士 奴僕 病

龍池 破軍 廉貞 天鉞 天空 天刑 ／ 大耗 子女 冠

右弼 鈴星 ／ 病符 夫妻 沐

八座 天馬 天府 天魁 天虛 ／ 喜神 兄弟 長生

太陰 天同 (祿) (權) ／ 飛廉 命垣 養

貪狼 武曲 天姚 天哭 太歲 地劫 ／ 奏書 父母 胎

巨門 太陽 (忌) ／ 將軍 福德 絕

天梁 天魁 左輔 (科) ／ 青龍 身 官祿 死

火星 天相 三台 斗君 小限 ／ 小耗 田宅 墓

陰男

丁巳年正月十二日寅時生

水三局

乙丑年六十九歲十二月初五故

太陰天同居子守命丙丁人富貴忠良權祿生逢人將出相之命大限到於巳宮又逢陀羅且巳生人切忌本身臨又太歲地劫天哭星作挑是以爾也

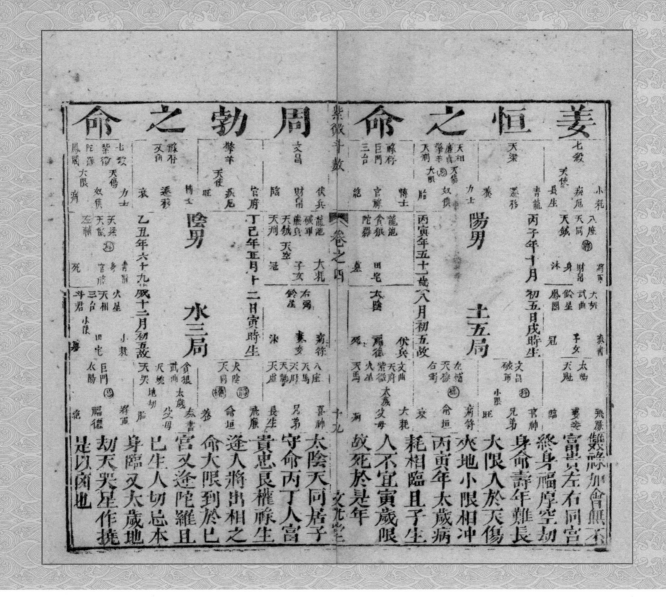

樂毅之命

紫微斗數　卷之四　二十　文光堂

陰男
巳酉年十月初八日戌時生
巳丑年四十一歲八月初七故
水二局

天鉞 三台 天使 疾厄 長生 伏兵	擎羊 流羊 遷移 沐 博士	天刑 祿存 八座 天傷 奴僕 冠 力士	七殺 紫微 陀羅 流陀 官祿 臨
破軍 廉貞 大限 天哭 地劫 身 財帛 養 大耗			天梁 天機 (科) 田宅 旺 青龍
天姚 鈴星 子女 胎 病符			火星 天相 天虛 福德 衰 將軍
天馬 天府 小限 妻妾 絕 喜神	太陰 天同 文昌 天魁 兄弟 墓 飛廉	左輔 貪狼 (陽) 武曲 (權) 右弼 天空 命垣 死 奏書	巨門 太陽 文曲 (忌) 父母 病 將軍

貪武同行左右同宮權祿生逢俱吉奈遇三方四正俱見羊陀劫空進退聲名大限遊於太歲之地破哭劫耗流羊流陀迭併太歲入命亦忌冲照是以死也

趙奢之命

陽男
戊午年四月初三日辰時生
庚子年四十三歲二月初七故
金四局

天梁 天同 文曲 天馬 天使 疾厄 臨 小耗	左輔 天機 天鉞 天空 (祿) 流陀 遷移 冠 青龍	文昌 巨門 擎羊 天傷 奴僕 沐 力士	貪狼 (權) 廉貞 祿存 八座 大限 官祿 長生 博士
七殺 武曲 三台 流羊 財帛 身 旺 將軍			天姚 太陰 陀羅 鳳閣 (科) 田宅 養 官府
太陽 龍池 小限 子女 衰 奏書			鈴星 天府 地劫 福德 胎 伏兵
天哭 天虛 (忌) 天機 天刑 太歲 兄弟 死 喜神	破軍 紫微 天魁 火星 命垣 墓 病符	父母 大耗 絕	妻妾 飛廉 病

科祿拱照富貴聲揚左右拱朝終身福厚三十四歲大限入巳宮四十三歲庚子年大歲逢忌三方陀忌冲照又流羊流陀冲命小限入地網日月陷地故凶

陸賈之命

天馬 天相(科) 武曲 文昌 天使 天哭 天兵 小耗 疾厄 長生

巨門(祿) 天門 青龍 遷移 養

文曲 貪狼 擎羊 天傷 力士 奴僕 胎

左輔 太陰 祿存 太歲 大限 博士 官祿 絕

天梁 太陽 右弼 天鉞 天空 將軍 財帛 沐浴

七殺 天刑 奏書 子女 冠帶

天機(權) 三台 天魁 小限 飛廉 妻妾 臨官

紫微 鳳閣 喜神 兄弟 帝旺

火星 地劫 病符 命垣 衰

天鉞 破軍 龍池 大耗 父母 病

八座 鈴星 伏兵 福德 死

天府(忌) 廉貞 陀羅 斗君 官府 田宅 墓

陽男

土五局

丙戌年二月初七日寅時生

己巳年四十四歲五月初四故

嬰祿朝垣左右巨日拱照只嫌祿主纏於弱地因此發不主財兼且火星劫空在命半天折翅之論限歲俱到陷地小限又且重併故四十四歲難全命也

楊孔目命

斗君 太歲 小耗 遷移 絕

七殺 廉貞(忌) 天傷 青龍 奴僕 養

天梁 擎羊 力士 官祿 胎

祿存 天相 博士 田宅 病

天鉞 天刑 天使 將軍 疾厄 胎

天哭 文昌(科) 天同 右弼 小限 鈴星 大限 奏書 財帛 養

三台 武曲 天空 破軍 天喜 地劫 飛廉 子女 長生

太陽 喜神 妻妾 沐浴

天府 天姚 病符 兄弟 冠帶

天馬 太陰 天機(權) 火星 天虛 大耗 身 命垣 臨官

左輔 巨門 文曲 陀羅 官府 福德 衰

貪狼 紫微 八座 伏兵 父母 旺

陽男

木三局

丙申年正月初八日子時生

戊申年七十三歲七月初三故

機月同梁作吏人命垣坐寅申之地科祿加會君無羊刃火鈴合照乃主正路功名貴顯大小二限入於地網怕逢鈴星又且太歲沖命垣故主倒壽

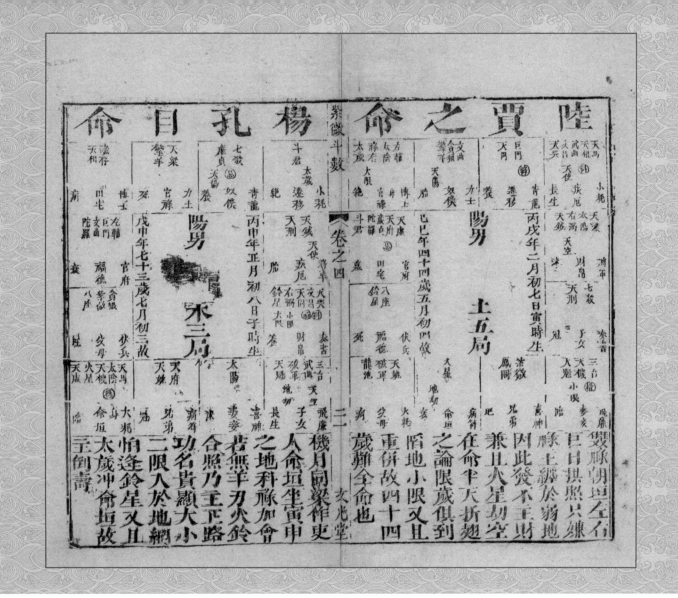

郭恪之命

陰男

水二局

癸丑年三月初七日寅時生

丙午年五十四歲五月初三故

文昌 廉貞 右弼 大限 將軍 長生 遷移
天使 鳳閣 天空 養 疾厄
鈴星 伏兵 截 臨 財帛 青龍
天馬 天同 天刑 祿 天福 絕 子女 力士
天虛 天傷 奴僕 奏書 沐
左輔 七殺 文曲 太歲 官祿 喜神 冠 身
天鉞 天梁 天哭 龍池 田宅 臨
天相 紫微 病符 福德 旺
天姚 巨門 火星 天機 權 天鉞 大耗 父母 衰
太陰 太陽 擎羊 科 地劫 伏兵 兄弟 死
八座 白虎 命垣 病
天府 武曲 祿存 三台 小限 妻妾 博士 墓

廉貞七殺午甲宮主人流蕩天涯左右昌曲雖然加會拱照只嫌命垣貪狼化忌因爲商賈在外太歲流馬五十四歲小限在子冲之喪門白虎合命故凶

葉英之命

陽男

水二局

丙辰年三月二十二日子時生

丁丑年二十二歲五月初五故

天相 武曲 右弼 龍池 小耗 官祿 長生
巨門 天同 祿 大限 小限 青龍 田宅
左輔 貪狼 擎羊 鳳閣 力士 福德 養
祿存 大陰 博士 父母 絕
天梁 太陽 天鉞 天傷 將軍 奴僕 沐
文曲 天府 陀羅 忌 官府 命垣 墓
文昌 七殺 鈴星 天虛 科 奏書 遷移 冠
三台 天姚 伏兵 兄弟 死
八座 天刑 天魁 天使 天空 權 地劫 疾厄 飛廉 臨
紫微 財帛 喜神
太歲 病符 子女 旺
火星 破軍 天馬 天哭 大耗 妻妾 衰 病

紫相昌曲相逢加會本作美論奈嫌昌曲不宜見廉貞化忌秘云文昌文曲逢廉貞喪命天壽之人故死於二十二歲

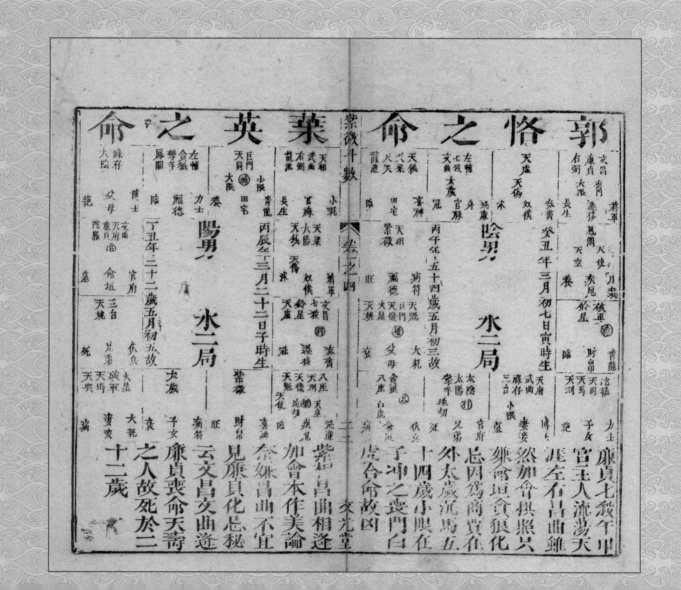

王欽若命

陰男　水二局

辛酉年七月初五日寅時生

壬子年五十二歲正月十一日故

科權祿拱文學聲揚左輔右弼尊居八位富貴雙全之命大小二限入地網又遇擎羊酉入忌之必凶損壽

楊國忠命

陽男　土五局

戊戌年四月初六日子時生

丙申年五十九歲二月初五故

祿逢正府相朝垣格食祿千鍾雖然作得祿合格局又忌廉貪二星空劫冲破不得富貴綿遠大限落於廉貪陷地小限在寅對冲太歲爲祿倒馬倒之論

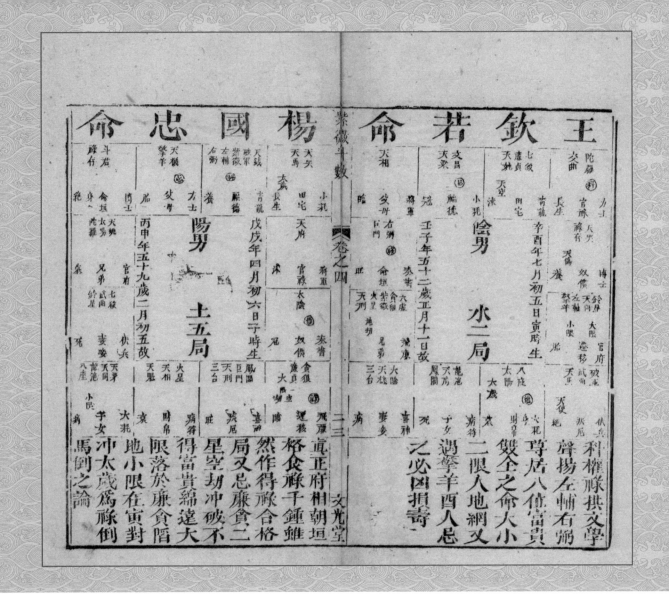

安慶禮命

陽男

壬申年三月十三日戌時生

壬戌年五十一歲四月初八故

火六局

利祿加會左右扶持皆得稱意富貴全美流年太歲大限入戌中人忌鈴星且兼天刑天傷天哭小限又在天使之地俱爲倒壽之年也

嚴子陵命

陰男

己亥年九月二十八日辰時生

辛亥年七十三歲五月初七故

土五局

太陽居午無殺湊左右扶持福不輕因有文昌同科祿富貴雙全壽至終七十三歲大限天傷小限天使不吉損壽

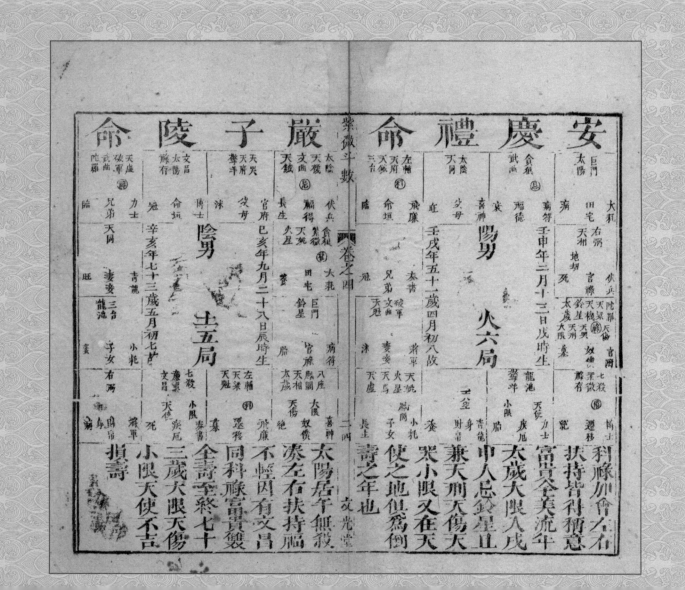

漢光武命

祿存 右弼 天府 文曲 八座 太歲 博士 兄弟 長生	太陰 天同 擎羊 天姚 (權) 鳳閣 力士 命垣 沐	貪狼 武曲 青龍 父母 冠	巨門 太陽 龍池 小耗 福德 身 臨
陀羅 官府 妻妾 養	陽男 丙辰年六月初一日丑時生	金四局 丁巳年六十二歲二月初十故	三台 左輔 天相 文昌 天鉞 (科) 將軍 田宅 旺
破軍 廉貞 (忌) 伏兵 子女 胎			天馬 天梁 天機 鈴星 天空 (祿) 奏書 官祿 衰
天哭 火星 天馬 天刑 大耗 財帛 絕	斗君 天使 病符 疾厄 墓	大限 地劫 喜神 遷移 死	七殺 紫微 天魁 小限 天傷 飛廉 奴僕 病

馬頭帶箭鎮禦邊疆，權祿生逢財官雙美，二十四歲後限行吉地，位登九五，直到五十四大限入於地劫之宮，小限天傷，不吉損壽。

王莽之命

天梁 小耗 父母 病	左輔 七殺 將軍 福德 死	天鉞 太歲 奏書 田宅 墓	右弼 廉貞 (祿) 飛廉 官祿 絕
天相 紫微 文曲 青龍 身 命垣 衰	陽男 甲申年三月初九日子時生	木三局 癸未年六十八歲九月十三日故	天傷 小限 喜神 奴僕 胎
巨門 天機 擎羊 天姚 力士 兄弟 旺			天哭 文昌 破軍 鈴星 大限 (權) 病符 遷移 養
鳳閣 祿存 火星 貪狼 天馬 天虛 三台 博士 妻妾 臨	陀羅 太陰 太陽 天魁 (忌) 官府 子女 冠	天府 武曲 龍池 八座 (科) 伏兵 財帛 沐	天同 天刑 天使 天空 地劫 大耗 疾厄 長生

科權祿拱，名譽聲揚，紫破辰戌，為臣不忠，篡漢之位是也。且申入忌，見火鈴，五十三大限入戌，遇火鈴地網，重併小限天傷，遭刑傷而亡。

楊貴妃命

太陰 大耗 夫 臨	天虛 貪狼 地劫 天哭 小限 病符 兄弟 冠	巨門 天同 天鉞 喜神 命垣 沐	天相（科） 武曲 飛廉 父母 長生
左輔 天府（權） 廉貞 天空 伏兵 子女 旺	陽女	土五局	天梁 太陽（忌） 天刑 奏書 福德 身 養
擎羊 文昌 太歲 大耗 官府 財帛 衰	甲子年正月初七日未時生	癸卯年四十一歲九月初九故	右弼 七殺 鈴星 將軍 田宅 胎
火星 天馬 破軍 祿存 天使 博士 疾厄 病	陀羅 天魁 天姚 力士 遷移 死	紫微 天傷 青龍 奴僕 墓	文曲 天機 小耗 官祿 絕

生貴向貴得侍入籠愛文昌文曲加會女命不宜見之經云楊妃好色三合文昌文曲太歲羊此迭併小限子午相冲故損壽

紫微斗數　卷之四　二十六　文光堂

淫妖女命

天刑 天使 病符 疾厄 病	天機 天魁 大耗 財帛 死	破軍 紫微 伏兵 子女 墓	陀羅 官府 夫 絕
文曲 太陽（權） 喜神 遷移 衰	陰女	水三局	天府 廉貞 天姚 博士 兄弟 胎
七殺 武曲 大耗 天傷 飛廉 奴僕 旺	辛酉年九月初十日子時生	辛巳年二十一歲九月初二故	文昌 太陽 鈴星 擎羊（忌） 力士 命垣 身 養
天鉞 天梁 天同 右弼 奏書 官祿 臨	天相 將軍 田宅 冠	左輔 巨門（祿） 小耗 福德 沐	貪狼 天空 廉貞 天馬 地劫 小限 青龍 父母 長生

太陰雖在廟鄉但女命所嫌文昌同度況羊鈴忌星併集雖三方吉拱何益文昌訣云文昌擎羊火鈴忌若不爲娼終妖折驗如此矣

娼婦之命

陰女　癸亥年四月二十六日卯時生　水二局

七殺　天空　身　長生　遷移　病符
天同　火星　天使　沐　疾厄　大耗
武曲　鈴星　冠　財帛　伏兵
太陽　陀羅　臨　子女　博士
天府　擎羊　祿存　天刑　破軍　紅　夫　力士
天機　擎羊　衰　兄弟　青龍
天府　紫微　地劫　病　命垣　小耗
貪狼　天魁　福德　天姚　死
文昌　左輔　天梁　右弼　文曲　天傷　喜神　奴僕　養
天相　廉貞　官祿　奏書
天鉞　巨門　天馬　田宅　絕　將軍

七殺臨身終不美天空地劫再無良雖有紫府守命垣而天君子媳二官擾混雜且姚忌居於福德其賤無疑矣

紫微斗數　卷之四　十七

張侍郎命

陰男　癸巳年十二月十四日子時生　金四局

天鉞　天傷　長生　奴僕　喜神
右弼　天機　遷移　養
破軍　天使　疾厄　胎　奏書
財帛　絕　飛廉　將軍
文曲　太陽　沐　官祿
七殺　武曲　三台　冠　田宅　大耗
天梁　天同　臨　福德　伏兵
天相　文曲　帝旺　父母　官府
巨門　祿存　衰　命垣
貪狼　廉貞　陀羅　八座　地劫　病　兄弟　力士
天府　子女　小耗　太陰　文昌　死　妻妾

權會巨門威揚果作諫臣太陰文昌於妻宮蟾宮折桂太陽文曲於官祿皇殿朝班癸生人會巨門爲石中隱玉格信此驗矣只兄弟落陷果是否不如入矣

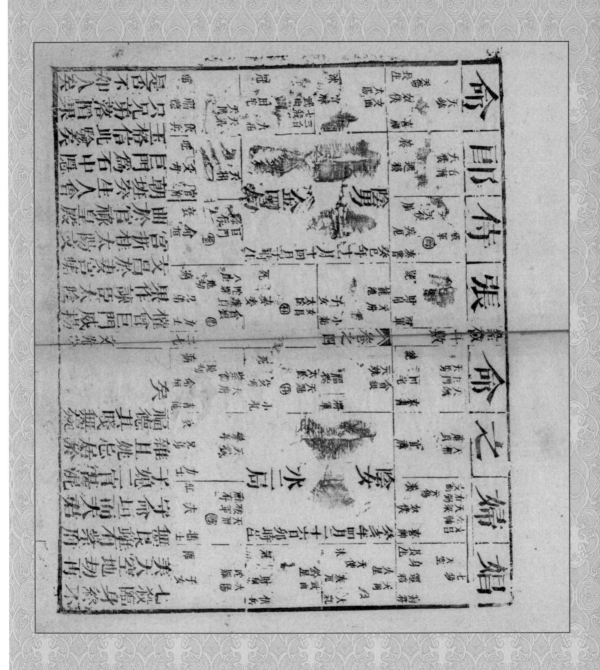

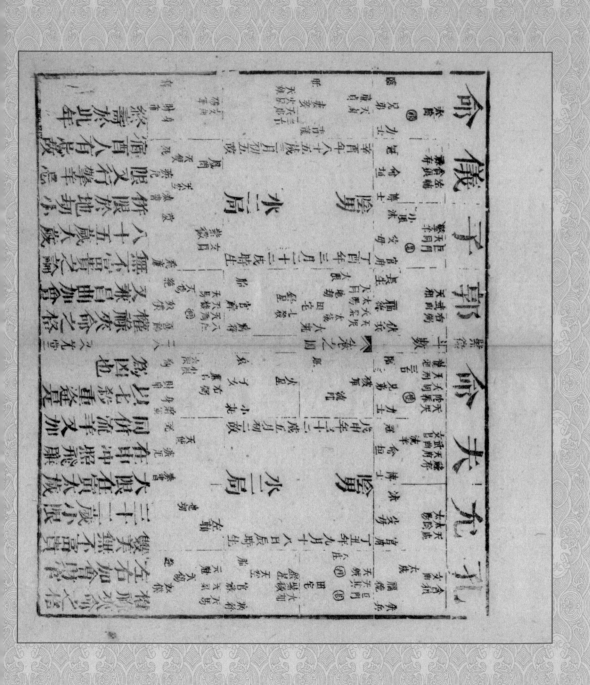

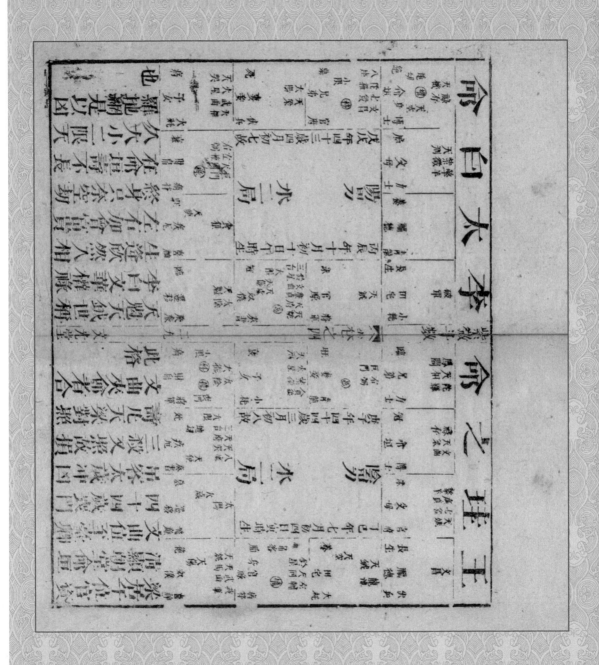

紫微斗數　卷之四

孔允夫命

陰男

丁丑年九月十八日辰時生

水二局

戊申年三十二歲五月初二故

權祿夾命之格左右加會財官雙美無不富貴三十二歲小限大限在寅太歲在申冲照飛廉同併流羊又加以七殺重逢是為凶也

郭子儀命

陰男

丁酉年三月二十二戌時生

水二局

辛酉年八十五歲三月初五故

權祿夾命之格又兼昌曲加會無不富貴之論八十五歲大歲併限於地劫小限又行擎羊忌宿酉人有忌故終壽於此年

二八　又元堂

王珪之命

陰刃

水二局

丁巳年七月初四日寅時生

庚子年四十四歲三月初八故

梁居午位官資
清顯朝堂命垣
文曲位至臺卿
四十四歲喪門
吊客太歲冲囚
三殺又照故損
壽凡天梁對照
文曲夾命者合
此格

李太白命

陽刃

水二局

丙辰年十月初十日午時生

戊戌年四十三歲四月初七故

天魁天鉞世稱
李白文華權祿
生逢欣然入相
左右加會富貴
終身只奈空劫
在命垣壽不長
大小二限天
羅地網是以凶
也

陸羽之命

天同 七殺 紫微 天鉞 陀羅 力士 子女 臨	祿存 文曲 博士 身妻 冠	七殺 廉貞 官府 兄弟 沐	咸池 文昌 鳳閣 小耗 伏兵 命垣 長生
天梁 天機 科 青龍 田帛 旺	陰男 乙卯年六十九歲三月十六故 土五局		太歲 破軍 貪狼 大耗 父母 養
天相 太歲 天使 小耗 疾厄 衰			病符 福德 胎
巨門 太陽 右弼 忌 將軍 遷移 病	貪狼 武曲 天虛 天傷 大限 地劫 奏書 奴僕 死	天哭 天同 左輔 權 飛廉 官祿 墓	下 喜神 田宅 絕

立命申垣得科祿權守垣居於寅子二方照拱命坐文昌故主儒雅秘云天同正遇機梁宿左輔扶持福不輕值大限劫地小限空殺交併死

命直乘吳

文昌 天機 大耗 子女 絕	伏兵 妻妾 胎	天刑 破軍 紫微 天鉞 陀羅 太歲 官府 兄弟 養	祿存 文曲 天馬 天哭 博士 命垣 長生
太陽 祿 病符 明帛 墓	陽男 乙未年四十六歲七月初九故 水二局	庚戌年十一月十二日辰時生	天府 擎羊 力士 父母 沐
七殺 武曲 鈴星 權 喜神 疾厄 死			太陰 青龍 福德 冠
天梁 天同 左輔 科 天魁 飛廉 遷移 病	三台 天魁 天相 火星 大限 小限 忌 天傷 奏書 奴僕 衰	右弼 巨門 鳳閣 將軍 官祿 旺	貪狼 廉貞 天姚 小耗 田宅 臨

巨日拱照日辰月戌並爭榮耀祿科俱會左右拱照終身富貴大小二限入天傷忌凶之地太歲逢陀羅天刑俱主凶兆其年命終

紫微斗數 卷之四 三十 文光堂

燕哲之命

陽男　金四局

甲戌年九月二十六日寅時生

乙亥年三十二歲七月十二故

祿權坐命有吞拱照終身福厚之論于人性燥暴大限到於陀羅之星戌生人有忌且地劫火星同併小限逢忌相冲故死於五十二歲

顧孟錫命

陽男　水二局

庚申年十一月二十日辰時生

壬子年五十三歲九月初三故

巨日同宮數[illegible]守垣左右拱照為富貴宜癸[illegible]申人大小二限行於火星之位見凶也即死於五十三歲

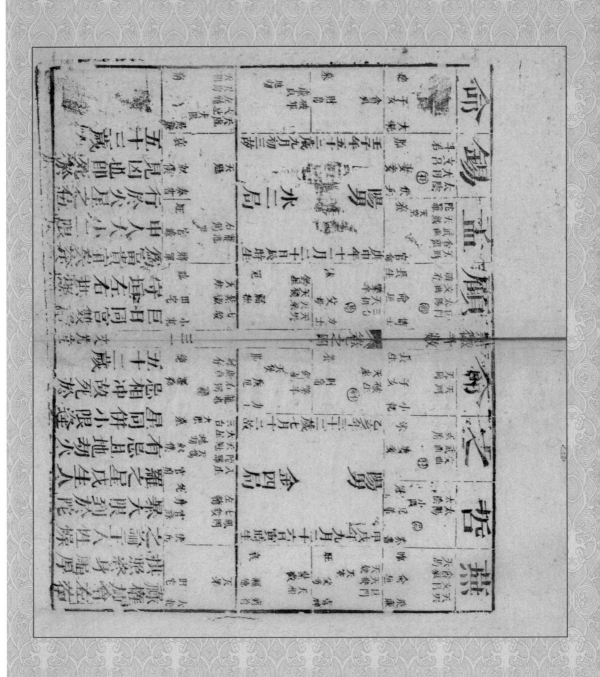

寧華之命

庚寅年九月初一日寅時生

陽男

水二局

辛巳年五十二年三月初七故

機月同梁之格一生吏業崢嶸五十二歲大限來地辛巳年太歲埋蛇小限喪門忌星為害主死

李嗣源命

丁亥年九月初五日寅時生

陰男

土五局

癸巳年六十七歲十一月初七故

七殺朝斗一生爵祿榮昌紫府朝垣左右拱照終身富貴六十七歲大限到來地遇流年太歲逢陀亥生人有忌故凶

馬直節命

天鉞 右弼 擎羊 博士 命垣 三台 長生
天府 父母 力士 沐
七殺 廉貞 天鉞 陀羅 地劫 兄弟 官府 養
天同 福德 武曲 青龍 冠
天梁 妻妾 伏兵 胎
破軍 武曲 天刑 田宅 小耗
天相 八座 大耗 子女 絕
天魁 天府 火星 天傷 大限 奴僕 衰
巨門 紫微 貪狼 鈴星 天使 天姚 天空 病符 財帛 墓 死
太陰 天機 文昌 小限 飛廉 病
天虛 太陽 文曲 天哭 身 官祿 奏書 旺

陽男　水二局

庚午年三月二十八申時生

丙辰年四十七歲正月初七故

巨日拱照明祿
暗祿尤爲富貴
四十七歲大限
到於天傷小限
冲命垣太歲天
羅病符作惡故
死於是年也

紫微斗數　卷之四　三三　文光堂

驛王之命

太陽 父母 病
右弼 武曲 小限 命垣 青龍 衰
文昌 破軍 三台 福德 死
天鉞 天梁 天姚 天空 田宅 將軍 墓
天府 紫微 文曲 八座 官祿 絕
天同 天刑 地劫 兄弟 力士 旺
天相 廉貞 龍池 財帛 身 伏兵 冠
七殺 祿存 天馬 火星 天虛 太歲 博士 妻妾 臨
陀羅 天梁 天哭 子女 官府 浴
太陰 天傷 奴僕 喜神 胎
天哭 左輔 貪狼 鈴星 養 病符
巨門 天使 大限 遷移 大耗 長生

陽男　木三局

甲申年七月二十一日辰時生

庚寅年六十七歲三月初十故

貪武同行左右
對守本爲言命
一生坐享富貴
六十七歲太歲
到寅火星凶袭
小限天羅猴人
作鬼是凶

白起之命

陽男

己丑年十月三十日辰時生

土五局

癸卯年七十五歲正月十四故

紫微天虛之上
格左右扶持臨
不輕文武俱全
富貴命權祿加
會乃爲榮七十
五歲羊陀迭併
命垣太歲白虎
三方命合是爲
凶也故死

馬援之命

陽男

甲辰年九月十四日子時生

火六局

己酉年六十六歲正月初八故

科權祿拱富貴
聲揚昌曲加會
文武雙全貪狼
遇鈴武曲同行
威振邊夷六十
六大限到於天
羅小限惡於夾
地其數難逃

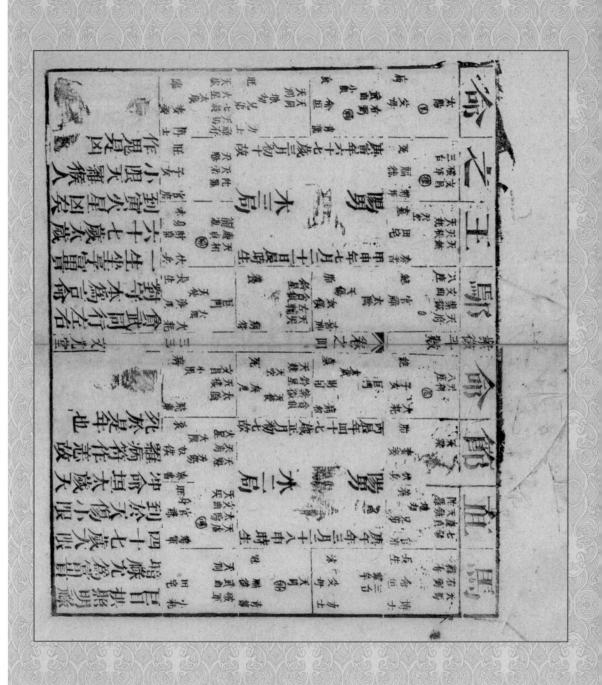

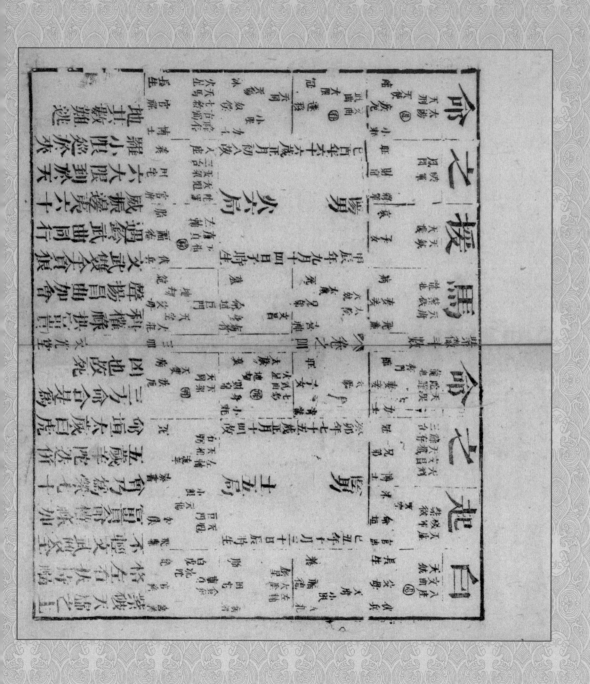

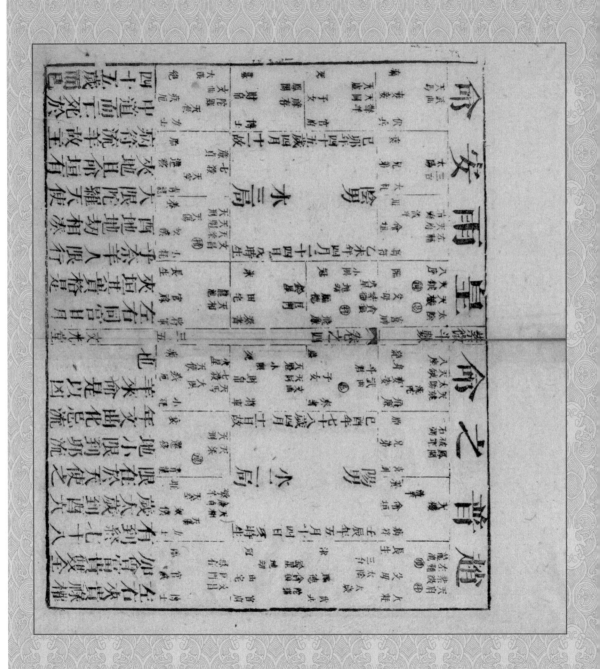

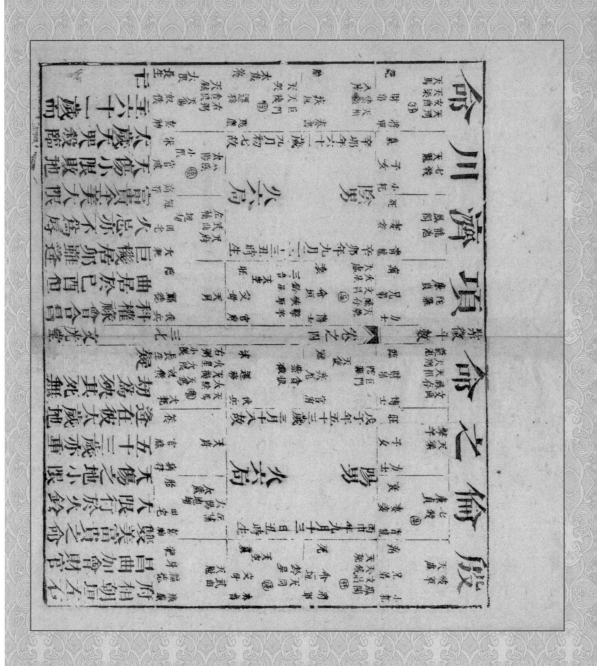

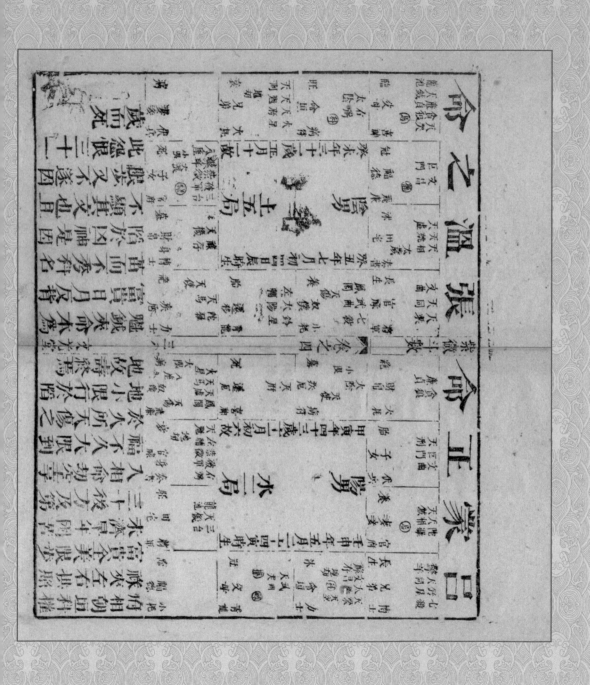

趙普之命

陽男

火六局

壬辰年五月十四日亥時生

己酉年七十八歲四月十二日故

左右夾貴祿權加會富貴雙全有到終七十八歲太歲到酉六限在於天使之地小限到卯流年文曲化忌流羊來命是以凶也

皇甫安命

陰男

木三局

乙未年四月二十四日戌時生

己卯年四十五歲四月十一日故

左右同宮日月夾垣其貴格是子奈羊入限行酉地地劫相湊大限陀羅天使夾地且命垣有病符流羊故至中道而亡死於四十五歲而已

白居易命

天馬 天同 天虛 伏兵 夫妻 病	天府 武曲 左輔 八座 大耗 兄弟 衰	太陰 太陽 天哭 命垣 病符	天鉞 貪狼 左輔 三台 地劫 喜神 父母 臨
擎羊 破軍 小限 官府 子女 死			巨門 天機 火星 飛廉 福德 冠
天姚 祿存 龍池 博士 財帛 墓			紫微 天相 鈴星 奏書 田宅 沐
太歲 天空 陀羅 廉貞 大限 天使 力士 疾厄 絕	文昌 文曲 青龍 遷移 身 胎	七殺 天魁 天傷 小耗 奴僕 養	天刑 天梁 鳳閣 將軍 官祿 長生

陰男

乙亥年二月二十七日酉時生

丙寅年五十二歲二月初五故

水三局

權祿拱照左右火垣日月同宮昌曲守身富貴之命命帶忌星壽雖長永大限到陀羅天空之鄉小限行擎羊亥生人有忌故死於五十二歲

司馬彌命

天府 天鉞 小限 飛廉 夫妻 絕	太陰 天同 龍池 喜神 兄弟 胎	右弼 貪狼 武曲 左輔 病符 命垣 養	天虛 巨門 太陽 天馬 鳳閣 大耗 父母 長生
天空 天姚 奏書 子女 墓			天相 地劫 伏兵 福德 沐
破軍 廉貞 鈴星 天虛 太歲 將軍 財帛 身 死			七殺? 天梁 天機 陀羅 大限 官府 田宅 冠
三台 文曲 天使 小耗 疾厄 病	火星 天空 青龍 遷移 衰	八座 文昌 擎羊 天刑 天傷 力士 奴僕 旺	七殺 紫微 祿存 白虎 博士 官祿 臨

陽男

壬寅年四月二十日戌時生

丁卯年二十六歲二月十二故

水二局

權祿會合左右同宮少年貴顯命逢化忌大限地網小限巳亥寅生人有忌喪門白虎爲殃其死必矣故亡於二十六歲

殷倫之命

陽男 丙申年九月十三日丑時生

火六局

戊子年五十三歲三月十八故

府相朝垣左右
昌曲加會財官
雙美富貴之命
大限行於火鈴
天傷之地小限
五十三歲亦重
逢在彼太歲地
刼爲殃其死無
疑

項濟川命

陰男 辛卯年九月二十三日丑時生

火六局

辛卯年六十一歲九月初七故

科權祿會合昌
曲居於巳酉但
巨機居卯雖逢
火忌亦不爲辱
富貴全美大限
天傷小限敗地
太歲天哭殺臨
至六十一歲而
亡

呂蒙正命　　張溫之命

紫微斗數　卷之四　三六　文光堂

呂蒙正命

陽男　水二局

壬申年五月二十四寅時生

甲寅年四十三歲十一月初六故

七殺 鈴星 天同 擎羊 博士 兄弟 長生	陀羅 天相 天鉞 官府 妻妾 養	文曲 巨門 天刑 伏兵 子女 胎	貪狼 廉貞 大耗 財帛 絕
天梁 太陰 文昌 祿存 地劫 力士 命垣 沐			大陰 天使 小限 病符 疾厄 墓
武曲 天貴 青龍 父母 冠			天府 喜神 遷移 死
天機 三台 龍池 小耗 福德 臨	右弼 破軍 紫微 左輔 天魁 地劫 將軍 田宅 旺	身 奏書 官祿 衰	鳳閣 天虛 天馬 火星 大限 天傷 八座 飛廉 奴僕 病

府相朝垣科權祿夾左右拱照富貴全美限步未濟早年困苦三十後方及第入相命劫空亭福不久大限到於火所天傷之地小限行於陷地故壽終焉

張溫之命

陰男　土五局

癸丑年七月初四日辰時生

癸未年三十一歲正月十一故

天哭 貪狼 廉貞 天鉞 龍池 喜神 父母 臨	文昌 巨門 飛廉 福德 冠	天相 天姚 天虛 太歲 奏書 田宅 沐	天梁 天同 文曲 將軍 官祿 長生
右弼 太陰 病符 命垣 旺			七殺 武曲 鳳閣 天傷 小耗 奴僕 養
火星 天府 天魁 天刑 地劫 大耗 兄弟 衰			鈴星 太陽 左輔 青龍 遷移 胎
破軍 紫微 三台 八座 大限 小限 伏兵 妻妾 病	子女 死	祿存 天機 官府 財帛 身 墓	陀羅 天馬 天使 博士 疾厄 絕

魁鉞夾命本為富貴日月反背苗而不秀科名陷於凶神是因不顯其文也且限步又不遂因此忿恨三十一歲而死

杭寬之命

陰男　水二局

乙酉年六月初六日戌時生

乙亥年五十一歲六月十一故

石崇富命

陽男　水三局

甲午年五月初三寅時生

丁丑年四十四歲十一月初五故

命不主財祿而纏於陷地空劫冲照終身不得發達大限到於擎羊天使之地小限臨命垣天哭地劫之位何能得生必主命亡故死於五十一而已

處世榮華權祿守財福之位文昌武曲俱拱命垣爲巨富之命大限四十三歲入於天空天傷之地四十四歲小限入於天使死耗之地又兼太歲逆劫故死

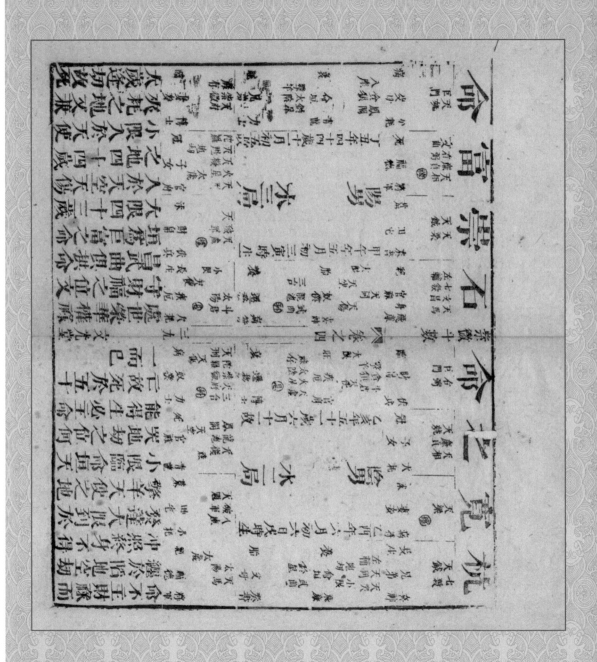

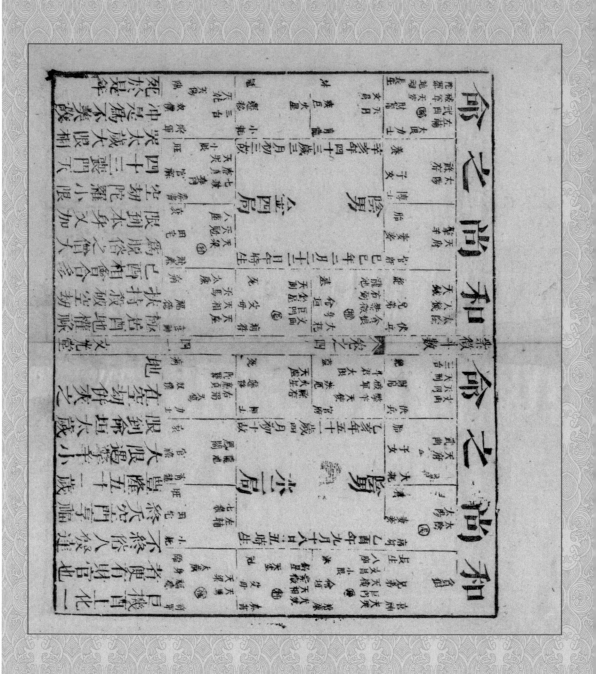

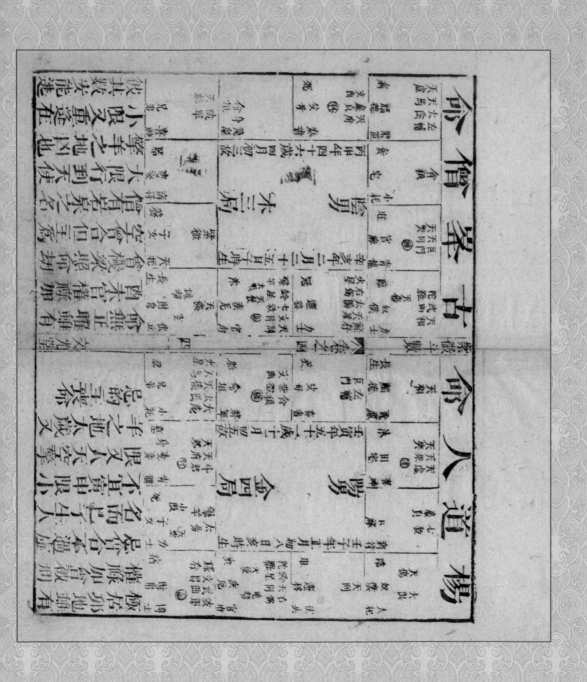

范丹貧命

甲午年二月初十日卯時生

陽男

土五局

甲子年七十七歲七月初五故

生來貧賤劫空臨財福之鄉祿馬落於空地中年限入美景方得發達名揚七十五歲大限入於天空小限七十七同入此地祿倒馬倒忌太歲相冲故亡

車明貧命

戊午年二月二十四酉時生

陽男

金四局

庚申年六十三歲五月初三故

生來貧賤劫空臨財福之鄉戊生人逢巨門在子宮守命垣多主苦困五十四入於午限流馬之鄉小限又到午宮身命惡殺交併故命難逃

和尚之命

貪狼 喜神 天哭 兄弟 巨門(權) 天機 文昌 八座 小限 長生	太陰 太陽(忌) 大耗 夫妻 養	天府 武曲 子女 胎	文曲 天同 天刑 三台 伏兵 財帛 絕
飛廉 天魁 命垣 紫微 天相(科) 鈴星 沐浴	陽男	木三局	擎羊 破軍 天使 斗君 大限 官府 疾厄 墓
奏書 父母 天空 冠帶	乙酉年九月十八日丑時生	乙亥年五十一歲四月初十故	祿存 火星 天虛 博士 遷移 死
天馬 天梁(祿) 太歲 將軍 福德 身 臨官	左輔 七殺 青龍 田宅 旺	龍池 鳳閣 官祿 衰	右弼 天傷 廉貞 陀羅 力士 奴僕 病

巨機酉上化一者便有財官也不終俗入發達終天空門享福豐隆五十一歲大限遇擎羊小限到命垣太歲在空劫併夾之地

紫微斗數 卷之四 四 文光堂

和尚之命

太陰 天機 天鉞 伏兵 兄弟 絕	天府 擎羊 夫妻 胎	太陽 祿存 博士 子女 養	左輔 武曲(祿) 破軍 天空 陀羅 地劫 大限 力士 財帛 長生
貪狼(權) 紫微 右弼 龍池 大耗 身 命垣 墓	己巳年二月二十二日午時生	陰男	天月 文昌 青龍 疾厄 火星 沐浴
文曲 巨門(忌) 鈴星 天刑 病符 父母 死	辛亥年四十三歲三月初三故	金四局	小耗 遷移 冠帶
天虛 天相 天馬 太歲 喜神 福德 病	天梁(科) 天魁 八座 飛廉 田宅 衰	七殺 廉貞 天哭 小限 喪門 奏書 官祿 旺	三台 天姚 天傷 將軍 奴僕 臨官

極居酉地權祿扶持殺破空劫巳酉相會合多為脫俗之僧大限到本身又加空劫陀羅小限四十三喪門天哭太歲大限相冲是為不美故死於是年

楊道人命　　古峯僧命

楊道人命

陽男　金四局

壬子年正月初八日亥時生

壬寅年五十一歲十一月初五故

大耗 大限 天傷 奴僕 天刑 陷	七殺 廉貞 病符	天虛 天梁 天哭 (祿) 喜神 田宅 沐	天相 飛廉 福德 長生
伏兵 遷移 右弼 天同 地劫 陀羅 鈴星 天使 申			左輔 巨門 奏書 父母 養
官府 疾厄 破軍 武曲 文昌 祿存 (忌) 衰			合狼 紫微 (權) 文曲 將軍 命垣 胎
博士 財帛 病	力士 子女 太易 天空 擎羊 小限 死	青龍 夫妻 身 斗君 天府 天姚 墓	小耗 大歲 太陰 天鉞 天馬 火星 兄弟 絶

極居卯地雖有權祿加會被刑忌會合不過虛名而已子生人不宜寅申限小限又入天空擎羊之地太歲又忌的主喪命

古峯僧命

陰男　木三局

辛亥年二月二十五日子時生

丙申年四十六歲四月初三故

天虛 天馬 太陰 左輔 將軍 福德 病	貪狼 田宅 衰	巨門 天同 天哭 (祿) 小耗 官祿 旺	天相 武曲 陀羅 天傷 青龍 奴僕 臨
天府 廉貞 (科) 文曲 奏書 父母 死			力士 祿存 天梁 太陽 右弼 火星 遷移 冠
身 飛廉 命垣			天刑 文昌 (忌) 七殺 鈴星 擎羊 天使 太歲 官府 疾厄 沐
破軍 天魁 喜神 兄弟	絶 夫妻 病符	紫微 子女 養	天鉞 地劫 空 天耗 伏兵 財帛 長生

命無正曜雖有酉未官權祿加會機梁照命劫空會合但主爲僧有岩泉之名大限行到天使擎羊之地凶也小限又重逢在彼其數安能逃

寶壇僧命

壬申年十月初四日辰時生

水二局

陽刃

壬戌年五十一歲十月十一故

利權祿拱左右朝垣本似富貴之命奈何空劫身命忌星會合只宜爲僧有主持若泉之名五十一歲太歲逢鈴大小二限俱在天傷之地喪門白虎冲併故

武安王命

戊午年五月十三日午時生

金四局

陽刃

乙卯年五十八歲八月初七故

殺破廉貞俱作惡廟而不陷宜掌三軍科權左右加會爲武職嗟嘆終嫌貪狼羊刃加臨又大限到午年生人有忌小限遇刑忌羊至凶亡

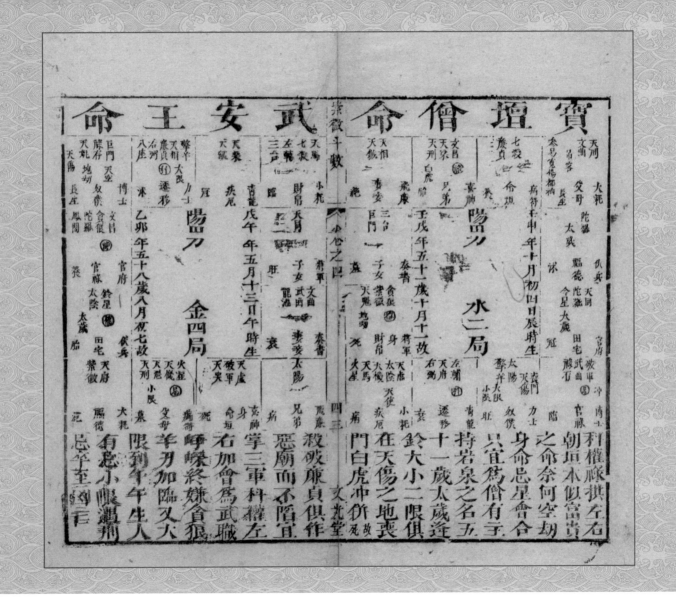

嚴介溪命

陽男

庚子年正月二十二日酉時生

癸亥年八十四歲五月初九故

金四局

武曲守垣昌曲
朝照科權祿夾
宜主大貴三方
擎羊天刑廉貞
七殺守垣故壽
雖高而子息宮
火星天空飛廉
為害故因子破
敗而臨終不得
全美也

紫微斗數　卷之四　四四　文光堂

萬兩溪命

陰男

乙亥年八月二十一日寅時生

庚寅年七十六歲八月初四故

木三局

此為祿權坐守
昌曲夾命左右
加會富貴雙全
福壽有終七十
六歲小限到天
羅擎羊之地太
歲又遇陀星夾
地是以命亡

鄧鍊之命

陽男

壬子年十月初二日辰時生

庚子年四十九歲正月初九日故

水二局

昌曲夾貴左右
朝垣數祿守照
無不富貴早年
連登科第位至
監察御史轉陞
京卿四十九歲
小限入地網逢
陀忌太歲擎羊
天傷以致倒壽

譚二華命

陽男

庚辰年七月二十一日午時生

甲申年六十五歲十月十五故

土五局

此爲紫府朝垣
文曲武曲會合
祿權加會三台
八座吉星俱拱
照宜爲大貴之
命且廉貞守命
垣庚生人合之
爲貴終身福厚
位登二品後因
太歲返天人鄉聚壽終

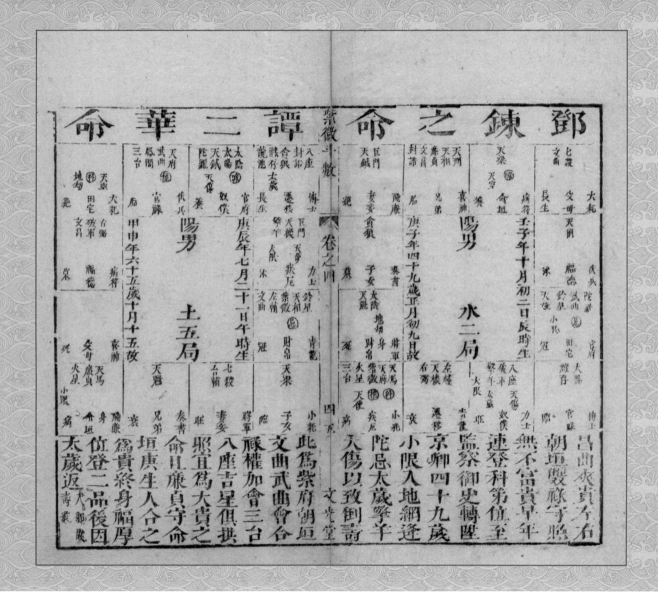

李宗師命

陽男

戊辰年正月二十六日申時生

火六局

乙酉年七月八歲十月初二故

此為紫相朝垣曲昌加會文名聲揚但刑妻無子終身享高爵厚祿壽至七十八大限將衰太歲刑忌相併小限入天空敗絕之地故死

紫微斗數 卷之四 四十六 文光堂

裴應章命

陰男

丁酉年四月二十九日亥時生

水二局

梁居午位官資清顯朝堂秉權祿加會昌貴顯全位登二品

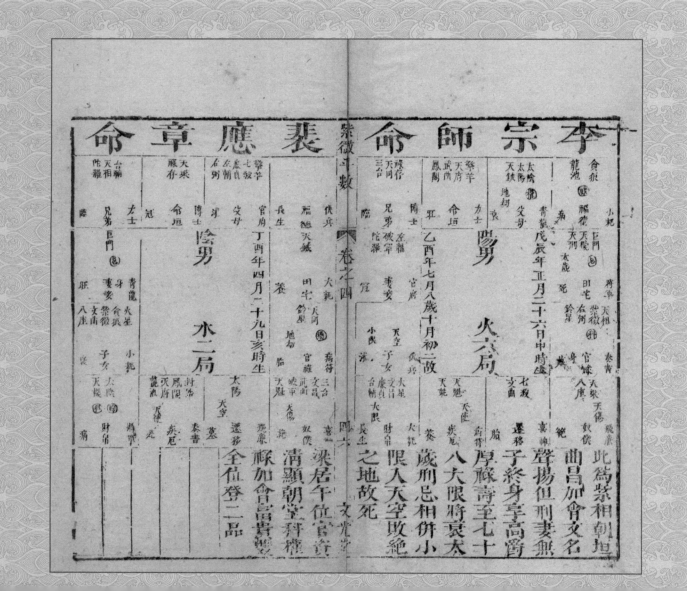

茅狀元命

太陰 陀羅 八座 力士 身 臨	貪狼權 祿存 天傷 博士 沐	巨門 天同 官府	武曲祿 天鉞 天使 伏兵 疾厄 長生
天府 田宅 旺	陰男	己巳年八月二十三日申時生	天梁科 天姚 三台 大耗 財帛 養
火星 右弼 天空 小耗 衰	水二局		七殺 封誥 子女 胎
台輔 文昌 父母 病	命垣 死	文曲忌 天魁 奏書 兄弟 墓	左輔 夫妻 絕

日月照命昌曲夾命且前後三方吉集允為大貴其對宮羊刃入廟不妨

唐狀元命

貪狼 廉貞 官祿	文昌 巨門 小耗 奴僕	左輔 天相 右弼 天空 死	文曲 天同權 天梁 天使 疾厄 病
羊刃忌 太陰 天姚 力士 田宅 胎	陰男	乙酉年四月初五日辰時生	武曲 七殺 財帛
祿存 天府 火星 八座 地劫 博士 福德	火六局		太陽 子女 旺
官府 父母 長生	龍池 紫微科 破軍 鳳閣 伏兵 命垣 沐	天刑 天機祿 天魁 大耗 兄弟 冠	三台 天馬 病符 夫妻 臨

紫微守命龍池鳳閣左輔右弼朝垣天相得紫微是為君臣加會其富貴必矣

常國公命

左輔 天相 天馬 子女 絶	天魁 天梁 地劫 妻妾 小耗 墓	七殺 廉貞 兄弟 死	陀羅 命垣 力士 病
巨門 天空 財帛 胎	陰男 辛卯年二月十二日未時生 火六局		祿存 右弼 火星 父母 博士 衰
文昌 貪狼 天使 疾厄 養			天同 官府 旺
太陰 天機 天鉞 喜神 長生	天府 天傷 身 病符 沐	太陽 官祿 大耗 冠	武曲 文曲 田宅 伏兵 臨

命宮雖無正曜但得三方吉拱富貴必矣況公侯承蔭祖宗即如帝冑之命不必合格但得吉星扶持是矣故看命數者又當因人而論

暨太監命

天虛 斗君 博士 病	天梁 田宅 力士 死	七殺 廉貞 官祿 墓	天傷 小耗 絶
天相 父母 官府 衰	陽男 丙子年正月初六日亥時生 木三局		天鉞 三台 遷移 胎
貪狼 紫微 伏兵 旺			天同 右弼 天使 疾厄 養
太陰 天機 天馬 火星 兄弟 大耗 臨	天府 封誥 妻妾 病符 冠	太陽 天空 子女 沐	文昌 武曲 破軍 財帛 長生

命坐紫微武曲朝垣文昌文曲加會天魁天鉞酉亥二宮相會紫微得文曲扶佐主掌兵權之職但地劫疾厄忌星卯垣有忌故有淨身去勢

都督命

天化 天光 伏兵 子女	天府 武曲 文曲 大耗 妻妾 冠	大陰 太陽 忌 病符 兄弟 沐	文昌 貪狼 天鉞 喜神 命垣 長生
封誥 破軍 官府 財帛 旺	陰男 乙亥年九月十八日寅時生 水二局		巨門 天丁 火星 天空 父母 養
龍池 祿存 鳳閣 天使 博士 疾厄 衰			天刑 福德 胎
還孩 病	天姚 天虛 天傷 地劫 力士 奴僕 死	左輔 七殺 天魁 官祿 墓	天梁 小耗 田宅 絕

殺破貪狼全無惡廟而不陷掌三軍此命得之況左右魁鉞守照文昌同垣宜武職崢嶸但寅辰二宮見羊陀宜威武中所有者美也

紫微斗數　卷之四　四九　文光堂

胡總制命

天梁 飛廉 子女	文曲 七殺 胎 妻妾	天哭 天虛 天姚 病符 兄弟	文昌 廉貞 大耗 命垣 長生
天相 紫微 封誥 奏書 財帛 墓	陽男 壬申年九月二十六日酉時生 土五局		龍池 鳳閣 伏兵 父母 沐
巨門 天機 天使 將軍 疾厄 死			陀羅 破軍 鈴星 官府 冠
貪狼 天馬 火星 小耗 病	太陰 太陽 天傷 地劫 衰	天府 武曲 左輔 青龍 官祿 旺	天日 博士 田宅 力士

科權拱命紫府朝垣左右加會得此四局宜居威武之職但見羊火更命遇貪狼廉貞故終不得其死

進士之命

廉貞 天空
伏兵 子女 絕

文昌 文曲 天哭
官府 財帛 胎

七殺 祿存
博士 養

天虛 天馬 天梁 陀羅 封誥
力士 長生

台輔 火星 天鉞 天刑
大耗 妻妾 墓

右弼 破軍 鈴星
病符 兄弟 死

天同 天魁 鳳閣 權
喜神 命垣 病

天府 武曲 三
飛廉 父母 衰

太陰 太陽 天梁 祿
奏書 福德 旺

八座 貪狼 地劫
將軍 田宅

天相 紫微 左輔 天傷
小耗 官祿 冠

巨門 忌 天機 龍池 科
奴僕 沐

陰男
丁亥年正月二十二日卯時生
金四局

科權守照昌曲暗拱天魁坐命當爲科甲之士但中年以上限行絕地未得遂志至五十四後方利達

舉人之命

鳳閣 天梁 科 天同 天傷 天馬 祿存 天虛
博士 疾厄 病

陀羅 天相 忌 天鉞
官府 遷移 衰

天刑 巨門 天傷 龍池
伏兵 奴僕 旺

貪狼 廉貞 三台
大耗 官祿 臨

台輔 太陰 天虛
病符 田宅 冠

天府 鈴星
喜神 福德 沐

天哭
飛廉 父母 長生

右弼 破軍 天空 紫微 左輔 火星 天魁
奏書 命垣 養

文昌 天機 封誥
將軍 兄弟 胎

小耗 妻妾 絕

七殺 武曲 權 擎羊 八座 地劫
力士 財帛 身 死

天鉞
青龍 子女 墓

陽男
庚寅年十月初五日戌時生
火六局

君臣慶會左右同宮夾昌夾曲之格富爲大貴但與火星同垣空劫迭守故限交科祿辛酉年三十二中不得運登至癸未年曲昌居卯照身方能發達

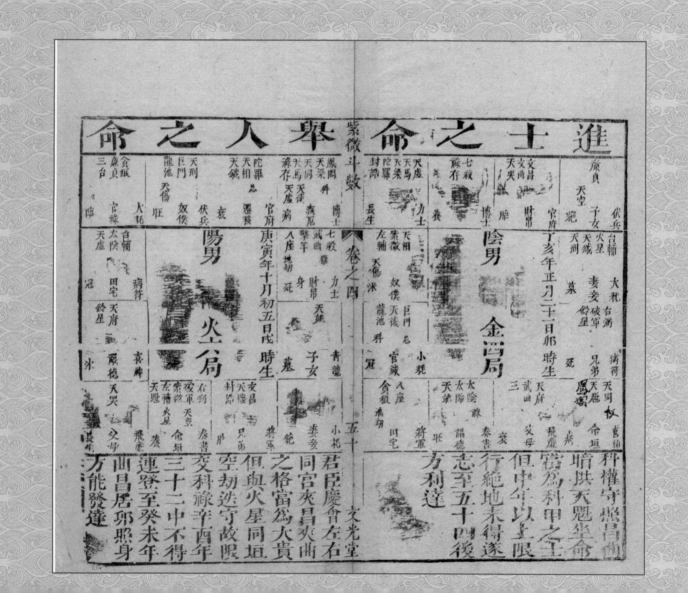

進士之命

八座 飛廉 官祿 絕 — 天哭 天虛 小耗 遷移 絕

紫微 破軍 天傷 青龍 奴僕 墓

擎羊 天機 力士 官祿 死

祿存 博士 田宅 病

天府 天使 將軍 疾厄 胎

天刑 太陰 鈴星 地劫 奏書 財帛 養

貪狼 廉貞 右弼 文昌 (科)(忌) 飛廉 子女 長生

龍池 巨門 三台 天姚 天空 蜚廉 身 妻妾 沐

天相 病符 兄弟 冠

火星 天梁 天同 天馬 天虛 鳳閣 (祿) 大耗 命垣 臨

陀羅 太陽 官府 福德 衰

七殺 武曲 左輔 文曲 伏兵 父母 旺

陽男

丙申年十二月初十亥時生

水二局

寅申最喜會同梁，且祿權守照，富貴必矣。故二十九三十三歲大限行辰太陽正照，小限寅卯流昌流曲文祿會身命，是以連登官至四品上。

納粟之命

八座 飛廉 官祿 絕

破軍 紫微 天賊 封誥 (權) 奏書 田宅 墓

天姚 將軍 福德 死

文昌 小耗 父母 病

天府 文曲 喜神 奴僕 胎

太陰 鈴星 病符 遷移 養

貪狼 廉貞 左輔 台輔 (祿) 大耗 疾厄 長生

龍池 巨門 伏兵 財帛 沐

陀羅 天相 天魁 官府 子女 冠

火星 天梁 天同 祿存 鳳閣 博士 身 妻妾 臨

七殺 武曲 右弼 擎羊 (科) 力士 兄弟 旺

三台 太陽 (忌) 青龍 命垣 衰

陽男

甲申年八月十八日巳時生

水二局

太陽坐命太陰拱照，爲日月爭耀，富貴全美。但於化忌雖在辰垣入廟，巳時生人正旺，不合又逢地劫在垣，故不能大貴，而得大富，止於納粟贈佐之位而已。

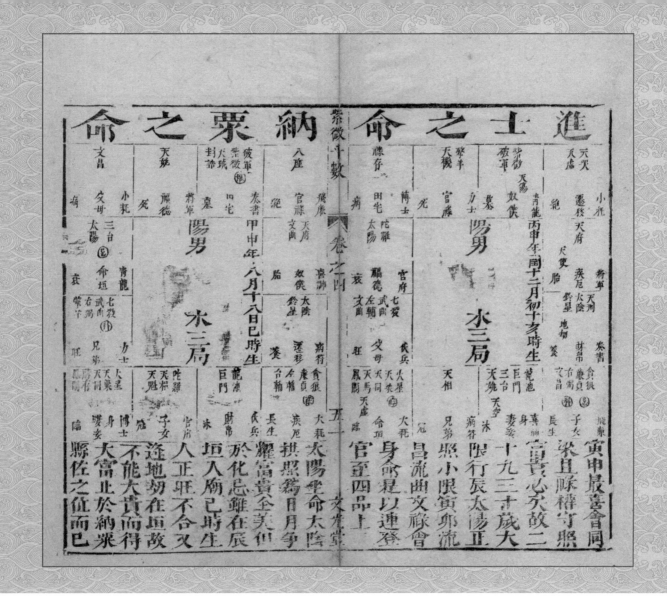

廉生之命

小耗 身 命垣 病	台輔 天機 將軍 父母 死	天鉞 破軍 紫微(權) 左輔 右弼 奏書 福德 墓	天馬 飛廉 田宅 絕
文曲 太陽(忌) 鳳閣 天姚 青龍 兄弟 衰	陽男	甲午年四月二十日子時生 木三局	天府 喜神 官祿 胎
七殺 武曲(科) 鈴星 擎羊 力士 妻妾 旺			文昌 太陰 龍池 天傷 病符 奴僕 養
封誥 天梁 天同 祿存 三台 博士 子女 臨	天魁 天相 火星 陀羅 官府 財帛 冠	八座 巨門 天刑 天使 伏兵 疾厄 沐	貪狼 廉貞(祿) 地劫 天空 大耗 遷移 長生

此命無正曜者主廉貞所以得府相朝垣廉祿拱沖福德宮吉集故有受朝廷作養但壽終不得長以劫空沖命又昌陷於天傷故也

紫微斗數 卷之四 五二 文光堂

富商之命

天鉞 天馬 飛廉 疾厄 長生	天府(權) 武曲 文曲(忌) 喜神 財帛 沐	太陽 太陰 天刑 病符 子女 冠	文昌 貪狼 台輔 大耗 妻妾 臨
破軍 封誥 奏書 遷移 養	陽男	壬申年十一月二十六日寅時生 金四局	巨門 天機 大空 伏兵 兄弟 旺
天魁 火星 左輔 將軍 奴僕 胎			天相 紫微(權) 鈴星 陀羅 官府 命垣 衰
小耗 官祿 絕	地劫 青龍 田宅 墓	右弼 七殺 擎羊 力士 福德 死	天姚 天梁(祿) 祿存 博士 父母 病

此科權迭守身命但嫌陀羅破局是以不賞喜天府武曲居財帛是謂才入才鄉其富宜矣但破軍居遷移不免勞力耳

秀才之命

文昌 破軍 祿存 擎羊(?)
博士 命垣 長生

天鉞 陀羅
官府 兄弟 養

文曲 紫微
伏兵 妻妾 胎

大刑 天機 八座
大耗 子女 絕

天姚 擎羊 三台 天空
力士 父母 沐

天府 廉貞 鈴星
青龍 福德 冠

陽男 水二局

庚申年九月初十日寅時生

七殺 封誥
病符 財帛 墓

天梁 太陽 天使
喜神 疾厄 死

太陰
小耗 田宅 臨

左輔 貪狼 龍池
將軍 官祿 旺

巨門 天同 天魁 地劫 天傷
奏書 奴僕 衰

右弼 天相 武曲 天馬 火星 鳳閣
飛廉 遷移 病

此破軍守命其星喜祿存而解其狂主人文武雙全三十以上宜食廩出貢致富大才耳若非大星沖照羊陀夾命則又當大貴矣

孤夭之命

天馬 小限
小耗 子女 絕

破軍 紫微 天刑
青龍 財帛 墓

擎羊 天機 天空
力士 疾厄 死

祿存 文曲
博士 遷移 病

文昌 天府 天鉞
將軍 妻妾 胎

陽男 水三局

丙午年十一月十八丑時生

陀羅 太陽 天傷
官府 奴僕 衰

太歲 太陰 天空
奏書 兄弟 養

七殺 武曲 鈴星
伏兵 官祿 旺

貪狼 廉貞 天魁 天姚
飛廉 命垣 長生

天虛 左輔 巨門 天哭 地劫
喜神 父母 沐

天相 火星
病符 福德 冠

右弼 天梁 天同 大限
大耗 田宅 臨

此命貪狼廉貞二星俱陷又逢化忌雖有天魁貴人坐長生亦無用也三方四正俱見羊鈴會合二十九歲小限入於絕地太歲又在地網故得狂邪之疾亡

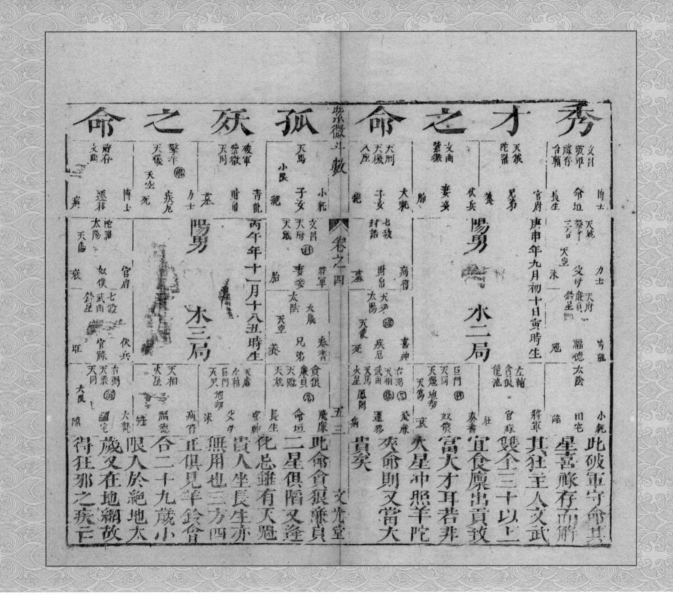

紫微斗數

小兒妖命

天梁 天同 天鉞 天姚 科　伏兵 官祿 帝旺

天相 擎羊　博士 田宅 旺

祿存 巨門 天空　力士 福德 衰

貪狼 廉貞 文昌 太歲 陀羅 權　父母 病

七殺 武曲 文曲 火星 忌　大耗 奴僕 冠

天府 太陰 天刑 地刼　青龍 命垣 右弼　死

太陽 鈴星　遷移 左輔 沐

天魁 天機 天使　疾厄 長生

天鉞　財帛 養

破軍 紫微　奏書 子女 胎

將軍 身 妻妾 絕

小耗 兄弟 墓

陰男

己卯年八月初二日巳時生

辛巳年三歲二月十九日故

木三局

此命日月反背
太陰守命失陷
又臨天刑地刼
其難養必矣况
三歲行童限在
子亥卯生人防巳
亥歲限又遇天
使鐵蛇關冲故
死於三歲

卷之四

五四

文光堂

小兒夭命

巨門 太陽　大耗 子女 臨

貪狼 武曲 忌　病符 財帛 冠

太陰 天同 九歲　喜神 疾厄 沐

文曲 天府 科　飛廉 遷移 長生

文昌 天相　伏兵 妻妾 旺

天梁 天鉞 鈴星 陀羅 天空 權　官府 兄弟 衰

七殺 紫微 祿存 命垣　博士 病

右弼 擎羊 地刼　力士 父母 死

福德　青龍 墓

田宅　小耗 絕

天馬 左輔 火星　將軍 官祿 胎

破軍 廉貞　奏書 奴僕 養

陽男

壬申年十二月初一日丑時生

金四局

此看本宮守命
垣星本宮易養
但夾羊夾蛇夾
空夾刼若非夭
即王下賤雖紫
祿何力故妖於
九歲而亡

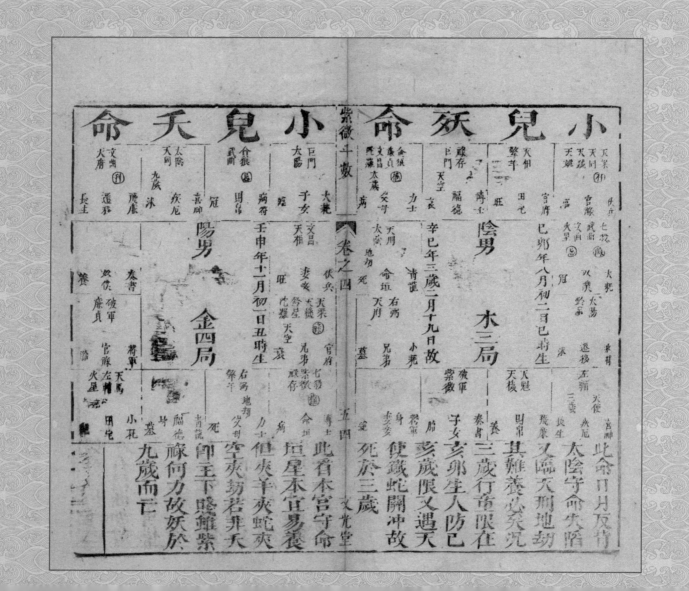

呂太后命

天同 大耗 田宅 絕	文曲 天府(科) 武曲 左輔 龍池 病符 身 官祿 墓	太陰(忌) 太陽 天鉞 天傷 大限 喜神 奴僕 死	右弼 貪狼 文昌 天虛 鳳閣 飛廉 遷移 病
大哭 破軍(權) 伏兵 福德 胎	辛酉年六十八歲九月初二故	陽女 火六局 甲寅年三月初七日寅時生	天虛 天空 天相 天使 大歲 小限 奏書 疾厄 衰
擎羊 鈴星 天姚 官府 父母 養			天相 紫微 將軍 財帛 旺
祿存(祿) 廉貞 八座 博士 命垣 長生	陀羅 天刑 火星 地劫 力士 兄弟 沐	三台 七殺 青龍 夫 冠	天梁 天刑 小耗 子女 臨

雙祿守垣兼之左右昌曲加會經云呂后專權二重天祿七殺夫宮魁夫火鈴羊陀併夾命垣亦主淫慾大限夾地小限羊陀湊合是因壽終

貂蟬之命

天鉞 太陰 飛廉 夫 臨	貪狼 文曲 奏書 兄弟 冠	巨門 天同 將軍 命垣 沐	斗君 天相(忌) 武曲 文昌 天姚 小耗 父母 長生
天府(科) 廉貞 天刑 大限 喜神 子女 旺	己丑年二十八歲八月初五故	陽女 水二局 壬戌年八月二十三日寅時生	天梁(祿) 太陽 天空 青龍 福德 養
天魁 右弼 鈴星 病符 財帛 衰			七殺 陀羅 力士 田宅 胎
破軍 天使 大耗 疾厄 病	火星 地劫 小限 大歲 伏兵 遷移 死	紫微(權) 擎羊 天傷 官府 奴僕 墓	祿存 天機 左輔 博士 官祿 身 絕

雖有左右加會巨門天同俱不得地火鈴二星冲照亦主淫慾夫星陷背爬三夫而心不爲足天刑子息全無又兼陀殺冲刑小限太歲臨於丑宮主遭刑死

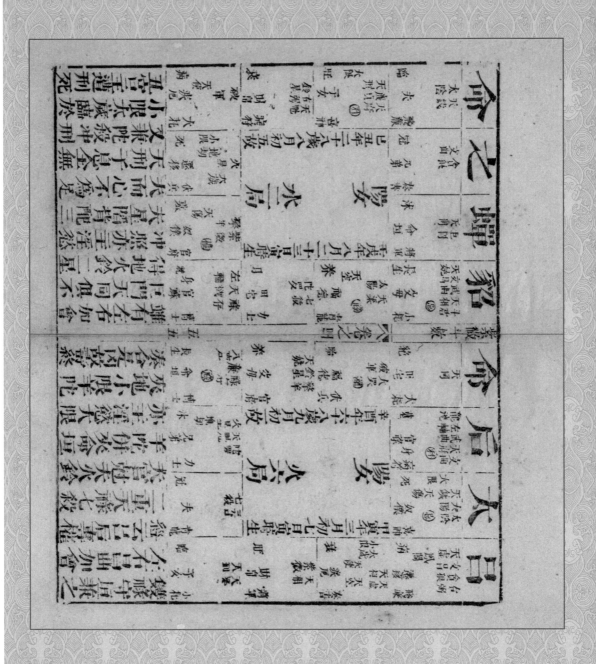

孔明之命

陰男　金四局

辛酉年四月初十日戌時生

甲寅年五十四歲八月二十五故

天姚　將軍　妻妾　長生	天魁　紫微　小耗　兄弟　養	左輔　右弼　青龍　命垣　胎	陀羅　破軍　力士　父母　絕
三台　七殺　天姚　奏書　子女　沐			天哭　祿存　地劫　博士　福德　墓
天虛　天梁　天陽　火星　流羊　飛廉　財帛（身）　冠			天府　廉貞　鈴星　擎羊　官府　田宅　死
文曲　天相　武曲　天鉞　天使　太歲　喜神　疾厄　臨	巨門　天同　龍池　鳳閣　流陀　天空　病符　遷移　旺	文昌　貪狼　天刑　小限　天傷　大耗　奴僕　衰	太陰　伏兵　官祿　病

左右同宮日卯月亥並明為明珠雙照一生富貴多材多能五十四歲太限太歲天傷忌耗流羊流陀三方迭併故死

紫微斗數　四　五六

林御史命

陽男　金四局

甲子年五月二十八日戌時生

甲寅年五十一歲三月初五故

天魁　祿存　天鉞　小耗　子女　長生	右弼　破軍　天哭　天虛　將軍　妻妾　沐	天桃　奏書　兄弟　冠	斗君　天府　紫微　左輔　飛廉　命垣　臨
武曲　龍池　青龍　財帛（身）　養			太陰　地劫　喜神　父母　旺
八座　天同　擎羊　天使　力士　疾厄　胎			鳳閣　台輔　鈴星　病符　福德　衰
天馬　天喜　七殺　火星　天姚　太歲　博士　遷移　絕	陀羅　天刑　天空　小限　官府　奴僕　墓	天相　廉貞　文昌　小限　伏兵　官祿　死	巨門　三台　大耗　田宅　病

紫府同宮科祿加會兼昌曲俱拱為合格局又云左輔文昌尊居八位太歲到寅小限五十一在子且子生人忌行寅年大限又在天空天傷之地故死

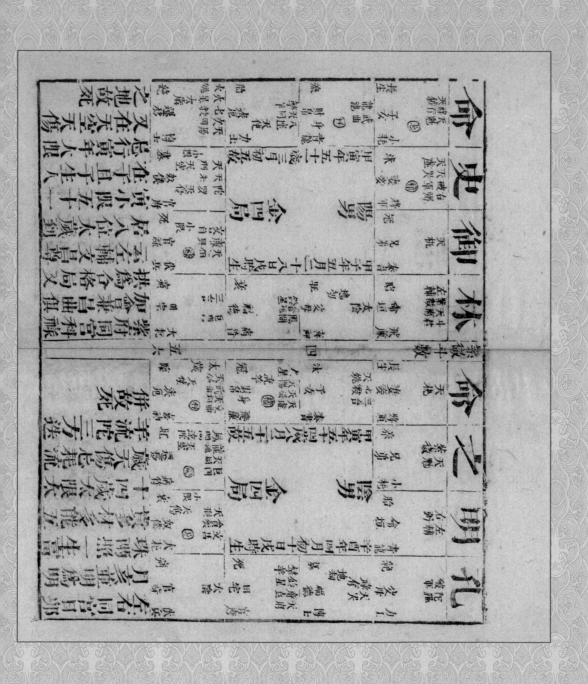

齊味道命

陰男

丁未年二月二十四日寅時生

金四局

己亥年五十三歲三月初七故

天馬 陀羅 三台 小限 力士 田宅 長生	左輔 天機 文曲 祿存 身 傅士 官祿 養	破軍 紫微 擎羊 天傷 官府 奴僕 胎	文昌 台輔 伏兵 遷移 絕
太陽 青龍 福德 沐			八座 天府 天鉞 火星 大耗 疾厄 墓
七殺 武曲 天姚 鳳閣 小耗 父母 冠			太陰 鈴星 財帛 死
天梁 天同 天刑 將軍 命垣 臨	天虛 天相 奏書 兄弟 旺	巨門 飛廉 妻妾 衰	天哭 貪狼 廉貞 天刑 龍池 病符 子女 病

秘經云科權祿拱來相會左右扶持福不輕昌曲加會富貴之論命有同梁得純陽中正之心大限羊行酉地兼在小限陀火劫三方俱見為災故亡

紫微斗數　卷之四　五七　文光堂

安祿山命

陰男

己未年七月初七日戌時生

[illegible]六局

丁酉年三十九歲正月十九故

天馬 天同 力士 疾厄 絕	天府 武曲 祿存 大限 身 博士 財帛 墓	太陰 太陽 擎羊 天姚 官府 子女 死	貪狼 天鉞 伏兵 妻妾 病
右弼 破軍 三台 青龍 遷移 胎			巨門 天機 火星 太歲 地劫 大耗 兄弟 衰
鳳閣 天刑 天傷 小限 小耗 奴僕 養			八座 天相 紫微 左輔 鈴星 病符 命垣 旺
文曲 廉貞 將軍 官祿 長生	天虛 奏書 田宅 沐	文昌 七殺 天魁 飛廉 福德 冠	龍池 天梁 天哭 喜神 父母 沐

紫府加會雙祿朝垣左右拱照無不富貴只嫌紫破居於辰戌鈴星同位寅方見方忌主為臣不忠流年羊行酉地流年巨門又化忌小限天傷天刑主凶亡

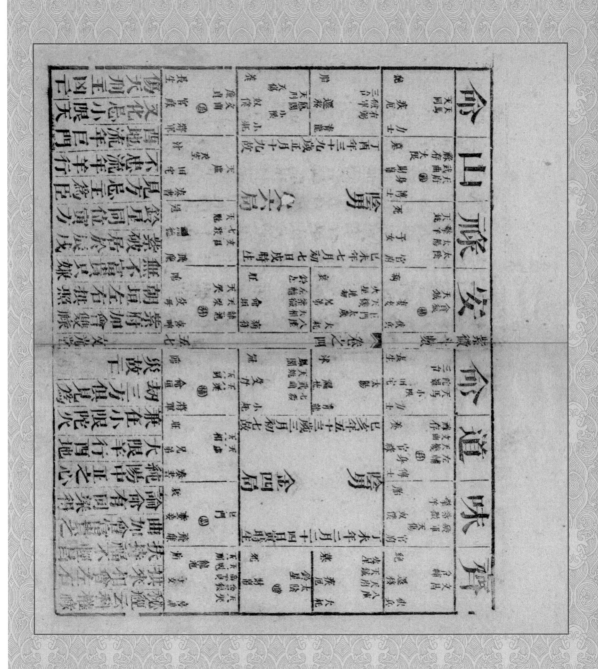

○批命

紫微守命坐寅方天府同宮最妙左右昌曲合加會兩相幇七殺朝拱掌握威揚寅午戌合星斗明朗再詳命主某星循良壽元乘旺富壽無疆台輔暗拱貫星鳳凰天門月照聲價琳瑯光射斗牛普照四方身星坐某福履康莊五行無剋藍玉生光汪入瑰瑋邦家在梁佳人破軍重卜坤裳四宮坐貴三杰傳芳茲行某限吉星之鄉名登仕籍日出扶桑崢嶸頭角烏帽錦裳雙南濫觴九聚盈倉維皇眷德福壽陵岡蟠從衢後愈暢輝光來春某月左輔文昌化科得令政績著揚某年

某星夜雨瀟湘財丁損抑骨肉參商怨怨終吉視履考祥喬遷某限彩鳳翱翔出司郡佐報績聖皇希蹤阜陶接武龔黃部院絲撒交馳旌揚名崇五岳利溯三湘肖嗣脫穎蘭吐天香某限逢陀尤見剝床某星救護薏苡蕭墻秋風乍起尊鱸味香逢冠高掛榮旋錦堂此年某限福壽寧康重裀列鼎冠蓋鏘鏘天壽星輔愈熾愈昌華封之祝嘖嘖道傍惟到某星雲掩無光梁木其壞哲人云亡

又

祿坐午垣巨門石中隱玉名彰逢生無剋理泰詳三方四正吉

福壽等陵岡右弼歸垣互守化權掌握鏗鏘身宮魁鉞拱貴
格豈尋常汪八丰神卓偉表表景星鳳凰胸懷今古富琳瑯
功名應有待何必恓惶惶次究星命 某 星逢得地高領奇哉
金水會蛇鄉文昌文曲盡光芒加會得照合定擬發科場官
福二宮星美生平作事端莊身居奴僕靜中忓妻宮逢七殺
正副免刑傷子宮擎羊作蹉先虛後實輝煌現今限步正輝
光早奪奎舟討雷劍吐光芒小限恩光台輔文宗取試名揚
觀場補廩喜洋洋流昌曲星集誰識一穿揚 某 限行來顯達
中年貪武爲良門庭生色宮非常財源春水漲志氣吐眉揚

某 年忌 某 星宜慎內外憂傷尤宜懲忿戀親善遠奸狂 某 限
交來七殺紫微制伏禎祥巍然超拔聲名香拜官居百里德
政巍巍龔黃 某 年有所畏忌須知到此驚慌尚喜 某 星爲福依
然福履無疆行交 某 限十年康部院馳縹撒黔黑稙甘棠 某
限柔榆春景東籬陶菊金黃尊鱸美味逕三荒二疏從解組
看子紹書香 某 年 某 星爲忤 某 星相黨相戕俄然一夢熟黃
粱哲人其萎矣空爲裂肝腸

又

破軍入廟勢汪洋專權掌握振入方七殺稜稜司正令貪很照

合得相尅分明有倚無偏熏文武材能佐廟廊制伏孽羊還
有氣凜凜威風孰敢當次宼星盤無陷落水歸亥子定榮昌
命主星臨官祿位烏紗黑髮不尋常文昌文曲臨旺地喜居
巳酉得循艮入廟相生宜子午重權高爵不須量斗星布列
腰金各數局推明衣紫郎注人志氣凌霄漢魁梧儀表貌堂
堂椿樹萱花沾寵握階前棠棣並芬芳佳人天相星偕老森
森丹桂紫微郎試看於今行某限星佳福集助身強流年奇
遇科權祿科甲文昌會吉祥利鎖名強俱得意爭看騰踏早
飛黃金門待漏迢迢夜榮錫烏紗到曉霜就此拜官榮梓里

牛刀小試向琴堂某年交御前運後吹徹梨花覆道傍某限
交來某星守乘風之鳥順風船六六東西仍謹慎休臨蜀道
與羊腸親疎內外防憂併刮地西風起白揚再交某限輔弼
美輔身守照喜洋洋調和鼎鼐爲舟楫金甌覆姓理朝綱還
看肖嗣游上國封章又賀沐恩光某限猶忌某作禍寒蟬哽
咽噪斜陽傷情淚滿關山淚陡頓災生有幾塲某年行來仍
舊好赫赫聲名震朔方仕路悠悠八卦外功成衣錦得還鄉
六旬幾歲將傷壽花落無聲滿地香雲暗鼎臺猶去遠月明
華表鶴歸怍

又

星守命性極靈金白偏宜水愛清金生水垣得依從文昌及第是蘭馨今日暫爲一星子欣看他年榮耀觀注入顯異魁稽表詞館文章可立身堂上椿萱益梧特凌雲鴻鵬喚來賓佳人早中雀屏選繼後徐卿拔等倫且道於今童與事月彌百日稍遭迍一週千日仍災咎花防驟雨損根荄幸賴星盤有吉曜妖氛掃盡見祥氛年臨幾歲初行限萬紫千紅總是春某年祿馬逢空地中年皓月被雲迷年過二八行某限簾幙風輕蘭麝薰洞房花燭搖金影盈門百輛車聲鄰書義精

微勤講究放心收斂莫他求某年某星花士錦災消福集喜頻頻若問終身非小就何讓當年春楚申某年某二星守祿馬扶身喜氣臻時習工夫黽勉力養成頭角冲牛斗脫交某限某星亮鹿鳴佳宴賦詩歌從此某地文運轉廷式對策金鑾殿宮花斜插醉瓊林滿門富貴咸稱羨某年某限須有厄未免災疾與丁憂交衣某限非常妙高遷爵位秩加增君家何幸有此際三四十年祿位義生前姓字題金榜身後文章不朽磨

又

天相未垣貞可羨對宮某宿喜與垣身星輔弼來加會三方會
吉無刑戰台輔到命不逢空盛世英才從此見焚膏繼晷向
芸窗篤志穩期登月殿趨庭聞禮與聞詩少年懷抱瀛公見
機關百出邁群兒智識謀深應不淺雙親百歲沐恩榮棠棣
田貢可共倫佳人金石同偕老冉桂傳芳朵朵馨某限某星
善入廟青燈夜雨要留心氣質陶鎔人俊雅二八遊芹歷世
英某限之中廿五年文昌科祿吉星臨百步穿揚應一箭春
闈秋榜占先魁承恩出仕花封縣重壁垂攉樂陶陶銀帶換
郡金帶旋六六前後六七傍惡星作禍憂當見某宮某星喜

又來滾滾紅塵拂人面官居憲副郡歸來稀壽慳慳猿鶴怨

又

貪狼遇火局申垣戌巳生人合格妍破軍七殺相扶照何妨惡
殺在水鄉據此斗數之理論青年擬着祖生鞭魁鉞三合身
命內科祿夾命主希賢前後星曜有循序何憂富貴不雙全
椿樹萱花臻福祉階前棠棣樂翩翩佳人賢淑同諧老繼後
雙成朵朵鮮且論如今在某限猶如花柳競春妍放心收郡
歸膝子須坐韓氈與鄭氈越歲祖看符吉要笑賀重開湯餅
筵某星到某文星凡射斗牛邊斤宮水暖魚龍化名掛儒林

綸巾鮮脫某　看看某　年近乘風休駕子陵船某　年高會某　星
美食廣科場妙莫言花如羅綺春光艷又喜重重後賢四八
東西左與右喜中尤慎有憂愆某　年流祿科星集鹿鳴宴上
許爭先金勒馬嘶芳草地玉樓人醉杏花天拜官百里聲名
振子繼書香孫又賢二十餘年重擢職佇看金帶繫腰纏壽
元某　歲裡談笑入桃源

又

命旺身強格理良三方四正吉星彰天梁廟午守命局化祿清
高貴兒當天壽晦台輔強左右夾局喜非常化祿化權交加

拱定拜皇恩入帝鄉百歲雙親膺紫誥二宮逢陷為孤單貞
臨三位配淑賢良子星得地克紹書香且論目今行某　限某
生木喜見擎羊一變某　限吉星聚遊泮還期封補糧當此步
蟾而折桂鹿鳴宴上喜揚揚藍袍脫換青袍着閭里爭先覩
道傍燦燦登聯碧漢錚錚絲竹奏絃樓再入某　限科祿地
春闈三戰奪魁名官居縣令承恩寵廣施善政牧斯民男兒
大志從斯展到此爽名丕烈轟某　限也應防一厄梧崗風木
慎憂刑幸得尚有祥星集蟾從觸後展光明某　限宮鄉名顯
赫重陞拔擢耀神京于公大廈容車馬謝氏芝蘭庭下生古

稀一到春光逝唱 能鴞鬭別故人

◯批命

紫府同宮旺喜得輔弼纏才官兼吉曜名利自然全當生不合局格理難將貴宿作虛言三方又見孽陀混應別青雲足下生妙得金星司財庫期君早富並春甲命主臨財財巨萬尊星守命福盈餘縱逢魁化何爲害君子小人涇渭分太陽星陷父先逝太陰光照母年延棠棣花枝墜惡殺在其垣貪狼居妻位便配沒刑要子宮北斗兼南斗彩遭生見後麒麟試論於今限某星此星惡虛要調停落花不是無春色只爲風光轉換頻某歲又交某星限某星得地主昌榮更妙喜色重重吉明珠常掌中珍向陽花木春無限得水魚龍氣象新四九年臨某限裡車行蜀道阻其輪交來某限星廟旺雨過江山一畫屏東鄰告借紛然至西室償錢不住停某年某限行吉地人安物泰宮洋盈田畔添田屋伴屋樓竪礙月紫連雲某年之內某月裡八珍湯散服頻頻尚幸大限無殺忌還誇老景愈安寧老梅經雪香猶在佇看芝蘭絕勝榮某年之內春已艾子規啼罷恨長城

又

天府化令星俊麗宮於酉丑位堪佳天魁天鉞逆綺局推來逢
造是驚呀分明科祿相朝拱富敵陶朱不浪誇七殺廉貞垂
疊助財星輔弼守榮華無刑無尅眞堪美名高德厚衆欽嘉
椿靈鶴笑如山峙萱草先凋漫嘆嗟 某 官天同登蓊廟旺分分
棣萼有奇葩佳人早叶處雀配雲仍後裔有隨蝸試論於今
在 某 限泰來否去履硃砂春拂樹枝風弄絲花香猶自襯裀
霞堆黃積白齊山岳紅塵滚滚遍野睽限臨 某 歲逢尅戰恐
聽單子奏暮猶命身穩莫驚嗟雲收皓月展光華 某 星 某 限
眞可愛肉屏步障樂無涯萬物静觀皆自得朝朝閙寶慶韶

華惟於 某 歲 某 星併名爲接木與移花六出瓊花飛滿地隨
風飄泊到人家怡怡行到 某 限裡重看兒童折柳花高架元
龍樓百尺太阿燁燁遇張華限至 某 年將近脱此際叮嚀忌
鼠牙再交 某 限 某 星守子宮孫榮聚一家此去難容娛晩景
福壽康寧五福者 某 年 某 星爲倒限乘鸞鴛鶴赴仙槎

紫微斗數四卷終

占筮類			
1	擲地金聲搜精秘訣	心一堂編	沈氏研易樓藏稀見易占秘鈔本
2	卜易拆字秘傳百日通	心一堂編	
3	易占陽宅六十四卦秘斷	心一堂編	火珠林占陽宅風水秘鈔本
星命類			
4	斗數宣微	【民國】王裁珊	民初最重要斗數著述之一；未删改本
5	斗數觀測錄	【民國】王裁珊	失傳民初斗數重要著作
6	《地星會源》《斗數綱要》合刊	心一堂編	失傳的第三種飛星斗數
7	《斗數秘鈔》《紫微斗數之捷徑》合刊	心一堂編	珍稀「紫微斗數」舊鈔秘本
8	斗數演例	心一堂編	
9	紫微斗數全書（清初刻原本）	題【宋】陳希夷	斗數全書本來面目；有別於錯誤極多的坊本
10-12	鐵板神數（清刻足本）——附秘鈔密碼表	題【宋】邵雍	無錯漏原版 秘鈔密碼表　首次公開！
13-15	蠢子數纏度	題【宋】邵雍	蠢子數連密碼表 打破數百年秘傳　首次公開！
16-19	皇極數	題【宋】邵雍	清鈔孤本附起例及完整密碼表 研究神數必讀！
20-21	邵夫子先天神數	題【宋】邵雍	附手鈔密碼表　研究神數必讀！
22	八刻分經定數（密碼表）	題【宋】邵雍	皇極數另一版本；附手鈔密碼表
23	新命理探原	【民國】袁樹珊	子平命理必讀教科書！
24-25	袁氏命譜	【民國】袁樹珊	
26	韋氏命學講義	【民國】韋千里	民初二大命理家南袁北韋 北韋之命理經典
27	千里命稿	【民國】韋千里	
28	精選命理約言	【民國】韋千里	
29	滴天髓闡微——附李雨田命理初學捷徑	【民國】袁樹珊、李雨田	命理經典未删改足本
30	段氏白話命學綱要	【民國】段方	民初命理經典最淺白易懂
31	命理用神精華	【民國】王心田	學命理者之寶鏡
32	命學探驪集	【民國】張巢雲	發前人所未發 稀見民初子平命理著作
33	澹園命談	【民國】高澹園	
34	算命一讀通—鴻福齊天	【民國】不空居士、覺先居士合纂	
35	子平玄理	【民國】施惕君	

心一堂術數古籍珍本叢刊　第一輯書目　一

36	星命風水秘傳百日通	心一堂編	
37	命理大四字金前定	題【晉】鬼谷子王詡	源自元代算命術
38	命理斷語義理源深	心一堂編	稀見清代批命斷語及活套
39-40	文武星案	【明】陸位	失傳四百年《張果星宗》姊妹篇 千多星盤命例　研究命學必備
相術類			
41	新相人學講義	【民國】楊叔和	失傳民初白話文相術書
42	手相學淺說	【民國】黃龍	民初中西結合手相學經典
43	大清相法	心一堂編	重現失傳經典相書
44	相法易知	心一堂編	
45	相法秘傳百日通	心一堂編	
堪輿類			
46	靈城精義箋	【清】沈竹礽	沈氏玄空遺珍 玄空風水必讀
47	地理辨正抉要	【清】沈竹礽	
48	《玄空古義四種通釋》《地理疑義答問》合刊	沈瓞民	
49	《沈氏玄空吹虀室雜存》《玄空捷訣》合刊	【民國】申聽禪	
50	漢鏡齋堪輿小識	【民國】查國珍、沈瓞民	
51	堪輿一覽	【清】孫竹田	失傳已久的無常派玄空經典
52	章仲山挨星秘訣（修定版）	【清】章仲山	章仲山無常派玄空珍秘 門內秘本首次公開 沈竹礽等大師尋覓一生未得之珍本！
53	臨穴指南	【清】章仲山	
54	章仲山宅案附無常派玄空秘要	心一堂編	
55	地理辨正補	【清】朱小鶴	玄空六派蘇州派代表作
56	陽宅覺元氏新書	【清】元祝垚	簡易・有效・神驗之玄空陽宅法
57	地學鐵骨秘　附 吳師青藏命理大易數	【民國】吳師青	釋玄空廣東派地學之秘
58-61	四秘全書十二種（清刻原本）	【清】尹一勺	玄空湘楚派經典本來面目 有別於錯誤極多的坊本
62	地理辨正補註　附 元空秘旨　天元五歌　玄空精髓　心法秘訣等數種合刊	【民國】胡仲言	貫通易理、巒頭、三元、三合、天星、中醫
63	地理辨正自解	【清】李思白	公開玄空家「分率尺、工部尺、量天尺」之秘
64	許氏地理辨正釋義	【民國】許錦灝	民國易學名家黃元炳力薦

心一堂術數古籍珍本叢刊　第一輯書目
二

65	地理辨正天玉經內傳要訣圖解	【清】程懷榮	秘訣一語道破，圖文并茂
66	謝氏地理書	【民國】謝復	玄空體用兼備、深入淺出
67	論山水元運易理斷驗、三元氣運說附紫白訣等五種合刊	【宋】吳景鸞等	失傳古本《玄空秘旨》《紫白訣》
68	星卦奧義圖訣	【清】施安仁	三元玄空門內秘笈　清鈔孤本 過去均為必須守秘不能公開秘密 與今天流行飛星法不同
69	三元地學秘傳	【清】何文源	
70	三元玄空挨星四十八局圖說	心一堂編	
71	三元挨星秘訣仙傳	心一堂編	
72	三元地理正傳	心一堂編	
73	三元天心正運	心一堂編	
74	元空紫白陽宅秘旨	心一堂編	
75	玄空挨星秘圖　附 堪輿指迷	心一堂編	
76	姚氏地理辨正圖說　附 地理九星并挨星真訣全圖 秘傳河圖精義等數種合刊	【清】姚文田等	蓮池心法　玄空六法 門內秘鈔本首次公開
77	元空法鑑批點本——附 法鑑口授訣要、秘傳玄空三鑑奧義匯鈔　合刊	【清】曾懷玉等	
78	元空法鑑心法	【清】曾懷玉等	
79	曾懷玉增批蔣徒傳天玉經補註【新修訂版原（彩）色本】	【清】項木林、曾懷玉	
80	地理學新義	【民國】俞仁宇撰	揭開連城派風水之秘
81	地理辨正揭隱(足本)　附連城派秘鈔口訣	【民國】王邈達	
82	趙連城傳地理秘訣附雪庵和尚字字金	【明】趙連城	
83	趙連城秘傳楊公地理真訣	【明】趙連城	
84	地理法門全書	仗溪子、芝罘子	巒頭風水，內容簡核、深入淺出
85	地理方外別傳	【清】熙齋上人	巒頭形勢、「望氣」「鑑神」
86	地理輯要	【清】余鵬	集地理經典之精要
87	地理秘珍	【清】錫九氏	巒頭、三合天星，圖文並茂
88	《羅經舉要》附《附三合天機秘訣》	【清】賈長吉	清鈔孤本羅經、三合訣法圖解
89-90	嚴陵張九儀增釋地理琢玉斧巒	【清】張九儀	清初三合風水名家張九儀經典清刻原本！
91	地學形勢摘要	心一堂編	形家秘鈔珍本
92	《平洋地理入門》《巒頭圖解》合刊	【清】盧崇台	平洋水法、形家秘本
93	《鑒水極玄經》《秘授水法》合刊	【唐】司馬頭陀、【清】鮑湘襟	千古之秘，不可妄傳匪人
94	平洋地理闡秘	心一堂編	雲間三元平洋形法秘鈔珍本
95	地經圖說	【清】余九皋	形勢理氣、精繪圖文

心一堂術數古籍珍本叢刊 第一輯書目
三

96	司馬頭陀地鉗	【唐】司馬頭陀	流傳極稀《地鉗》
97	欽天監地理醒世切要辨論	【清】欽天監	公開清代皇室御用風水真本
三式類			
98-99	大六壬尋源二種	【清】張純照	六壬入門、占課指南
100	六壬教科六壬鑰	【民國】蔣問天	由淺入深，首尾悉備
101	壬課總訣	心一堂編	過去術家不外傳的珍稀六壬術秘鈔本
102	六壬秘斷	心一堂編	
103	大六壬類闡	心一堂編	
104	六壬秘笈——韋千里占卜講義	【民國】韋千里	六壬入門必備
105	壬學述古	【民國】曹仁麟	依法占之，「無不神驗」
106	奇門揭要	心一堂編	集「法奇門」、「術奇門」精要
107	奇門行軍要略	【清】劉文瀾	條理清晰、簡明易用
108	奇門大宗直旨	劉毗	天下孤本　首次公開 虛白廬藏本《秘藏遁甲天機》 奇門不傳之秘　應驗如神
109	奇門三奇干支神應	馮繼明	
110	奇門仙機	題【漢】張子房	
111	奇門心法秘纂	題【漢】韓信（淮陰侯）	
112	奇門廬中闡秘	題【三國】諸葛武侯註	
選擇類			
113-114	儀度六壬選日要訣	【清】張九儀	清初三合風水名家張九儀擇日秘傳
115	天元選擇辨正	【清】一園主人	釋蔣大鴻天元選擇法
其他類			
116	述卜筮星相學	【民國】袁樹珊	民初二大命理家南袁北韋 南袁之術數經典
117-120	中國歷代卜人傳	【民國】袁樹珊	

心一堂術數古籍珍本叢刊 第一輯書目

四